FACULTÉ DE DROIT DE PARIS.

THÈSE

POUR

LE DOCTORAT,

SOUTENUE

Par Charles CHRICTOT-FORTIER,

AVOCAT A LA COUR IMPÉRIALE.

PARIS,

VINCHON, FILS ET SUCCESSEUR DE Mme VEUVE BALLARD,

Imprimeur de la Faculté de Droit de Paris,

RUE JEAN-JACQUES ROUSSEAU, 8.

1853.

THÈSE

POUR LE DOCTORAT.

L'acte public sur les matières ci-après sera présenté et soutenu,
le mercredi 6 juillet 1853, à deux heures et demie,

Par CHARLES CHRICTOT-FORTIER, né à Paris,
AVOCAT A LA COUR IMPÉRIALE.

Président, M. DE VALROGER, Professeur.

Suffragants :

MM. DURANTON,	}	Professeurs.
PELLAT,		
DUVERGER,	}	Suppléants.
RATAUD,		

*Le Candidat répondra en outre aux questions qui lui seront
faites sur les autres matières de l'enseignement.*

PARIS,

VINCHON, FILS ET SUCCESSEUR DE Mme Ve BALLARD,
Imprimeur de la Faculté de Droit,
RUE J.-J. ROUSSEAU, 8.

1853.

3161

A mes Parents.

SOMMAIRE.

OBSERVATION GÉNÉRALE.

DROIT ROMAIN.

CARACTÈRE DE LA PUISSANCE PATERNELLE. — DIVISION.

CHAPITRE Iᵉʳ.

COMMENT S'ÉTABLIT LA PUISSANCE PATERNELLE.

§ 1ᵉʳ.— Puissance paternelle sur les enfants légitimes.
§ 2. — Puissance paternelle sur les enfants légitimés.
§ 3. — Puissance paternelle sur les enfants adoptifs.

CHAPITRE II.

EFFETS DE LA PUISSANCE PATERNELLE.

§ 1ᵉʳ.— Quant à la personne des enfants.
§ 2. — Quant aux biens.

CHAPITRE III.

COMMENT SE DISSOUT LA PUISSANCE PATERNELLE.

ANCIEN DROIT.

CHAPITRE Iᵉʳ.

SOUS LES DEUX PREMIÈRES RACES.

§ 1ᵉʳ.— A qui appartenait le *mundium*.
§ 2. — Effets du *mundium*.
  I. Sur la personne des enfants.
  II. Sur les biens.
§ 3. — Comment finissait le *mundium*.

CHAPITRE II.

AU MOYEN AGE.

§ 1ᵉʳ.— A qui appartenait la puissance paternelle.
§ 2. — Sur qui elle s'exerçait.
§ 3. — Ses effets.
  I. Quant à la personne des enfants.
  II. Quant aux biens.

§ 4. — Comment elle finissait.
Appendice. — Garde noble et bourgeoise.

DROIT FRANÇAIS.

Observation. — Art. 371.
Puissance paternelle sur les enfants légitimes.

CHAPITRE Ier.

QUANT A LA PERSONNE DES ENFANTS.

§ 1er. — Par qui la puissance paternelle est exercée.
§ 2. — Ses effets et les modifications qu'elle subit.
  I. Droit de garde et d'éducation.
  II. Droit de correction.
Art. 1er. — *Droit de correction exercé par le père.*
Art. 2. — *Droit de correction exercé par la mère.*
  III. Droit de nommer un tuteur.
Art. 1er. — *Exercé par le père.*
Art. 2. — *Exercé par la mère.*
  IV. Droit d'émancipation.
§ 3. — Comment la puissance paternelle prend fin.
  I. Majorité de l'enfant.
  II. Émancipation de l'enfant.
  III. Déchéance des père et mère.

CHAPITRE II.

QUANT AUX BIENS.

§ 1er. — L'administration légale.
  I. A qui elle appartient.
  II. Son étendue et ses effets.
  III. Comment elle prend fin.
§ 2. — L'usufruit légal.
  I. A qui il appartient.
  II. Ses effets.
Article 1er. — *Etendue et limites.*
Art. 2. — *Droits de l'usufruitier.*
Art. 3. — *Obligations de l'usufruitier.*
Art. 4. — *Redditions de compte. — Imputations.*
  III. Comment l'usufruit paternel prend fin.

PUISSANCE PATERNELLE SUR LES ENFANTS NATURELS RECONNUS.

Quant aux biens.
Quant à la personne.

DE LA PUISSANCE PATERNELLE.

OBSERVATION.

La puissance paternelle est une des institutions les plus anciennes et les plus universelles qui soient, et je ne sache pas que l'on puisse citer, je ne dis pas une nation, un pays, mais une société d'hommes si élémentaire qu'on voudra, où elle n'existe au moins à l'état de fait. Est-ce à dire, comme beaucoup le pensent, que la puissance paternelle soit un droit fondé sur la nature, un droit qui dérive immédiatement et directement des instincts ou des sentiments du cœur humain ? Je ne le crois pas; c'est une institution éminemment mais exclusivement sociale : et pour ne pas entrer dans l'examen approfondi d'une question qui me forcerait de la considérer à un point de vue qui n'est pas le mien, je me bornerai à dire que la puissance paternelle ayant été très facile à établir et très utile à perpétuer, étant de sa nature très favorable au maintien et au développement de l'état de société, ces propriétés expliquent et justifient suffisamment à mes yeux son antiquité et son universalité, sans que j'aie à recourir à la nature et aux instincts de l'homme, sans que j'aie à supposer à l'homme des sentiments innés de révérence et de subordination pour qui l'a fait naître. Je crois donc qu'il ne faut point attribuer aux penchants du cœur humain ou aux nécessités de notre organisation intellectuelle, une institution qui n'est due qu'aux convenances de l'état social et aux opportunités de la vie grégaire.

Au reste, pour le jurisconsulte cette question a peu d'importance, car pour lui, quelle que soit l'origine de l'institution, il est bien certain que chaque législation la façonne, l'organise et la réglemente à sa mode, et pour lui c'en est assez.

En ce qui concerne la puissance paternelle, j'examinerai la législation des Romains et la nôtre.

DROIT ROMAIN.

Dans le premier état du droit de Rome, la puissance paternelle avait un caractère de rudesse et de brutalité qu'on retrouve dans plus d'une législation de l'antiquité. Le père était le maître absolu de ses enfants comme de ses esclaves. L'enfant tombait, corps et biens, sous ce despotisme; sa personne de citoyen y était absorbée; sa fortune y était enchaînée; il ne se faisait rien par lui ni pour lui; et s'il différait en quelque chose des esclaves, c'était en ce qu'un jour il devait succéder à la puissance de son père, et exercer lui-même un jour le despotisme qu'il subissait aujourd'hui.

Une aussi grossière législation n'était pas pour durer. Elle dura pourtant environ huit siècles, et ce n'est que bien tard dans l'histoire de Rome qu'on voit apparaître les premiers adoucissements sérieux à un tel état de choses. Cette lenteur dans le progrès est étrange, mais elle s'explique cependant par le respect qu'avaient les Romains pour toutes les institutions qui leur venaient de leurs aïeux; respect si exagéré quelquefois que telle loi faite pour un temps qui n'est plus, en désaccord complet avec les mœurs devenues plus douces et plus humaines, dont l'expérience atteste chaque jour la cruauté ou la folie, était néanmoins maintenue et respectée comme un souvenir des ancêtres, et quasi vénérée à l'égal d'une tradition sainte.

Ce fétichisme nuisit aux réformes dont avait besoin la législation primitive sur la puissance paternelle. Mais quand l'empire eut remplacé la république, les allures plus libres d'un pouvoir absolu permirent aux empereurs d'introduire dans le droit des innovations et des améliorations qu'avant eux il eût été bien difficile de faire admettre.

Je diviserai la matière en trois chapitres. Dans le premier, je dirai comment la puissance paternelle s'établit; dans le second, quels sont ses effets; dans le troisième, comment elle se dissout.

CHAPITRE Ier.

COMMENT S'ÉTABLIT LA PUISSANCE PATERNELLE.

La puissance paternelle s'établissait de trois manières : 1° par la naissance en justes noces; 2° par la légitimation; 3° par l'adoption. En d'autres termes, elle s'exerçait sur les enfants légitimes, sur les enfants légitimés et sur les enfants adoptifs. Quelques mots sur chacune de ces trois catégories.

§ 1er. — Puissance paternelle sur les enfants légitimes.

Les enfants légitimes sont ceux qui sont nés de justes noces. Pour qu'il y eût justes noces, il fallait qu'il y eût union de l'homme et de la femme avec les conditions exigées par le droit civil. Ces conditions étaient : la puberté, le consentement et le *connubium*.

La puberté est l'âge auquel l'homme et la femme sont physiquement capables de s'unir. Cet âge fut d'abord indéterminé, et l'on s'en rapportait sur ce point à la prudence des parents. Mais plus tard, pour éviter des enquêtes que ne pouvait tolérer une législation un peu avancée, il fut fixé législativement, d'abord pour les filles à douze ans, et quelque temps après à quatorze ans pour les garçons.

Le consentement devait être donné, non-seulement par les époux, mais encore par ceux sous la puissance desquels ils se trouvaient.

Le *connubium* était la capacité relative qu'avait une personne de se marier avec une autre personne déterminée. Il n'exista dans l'origine qu'entre les citoyens romains; mais il fut successivement accordé à beaucoup de personnes qui ne l'étaient pas, jusqu'à ce qu'enfin Caracalla accorda ce titre à tous les sujets de l'empire.

Lors donc qu'il y avait justes noces, les enfants qui naissaient tombaient sous la puissance paternelle; non pas toujours sous la puissance de leur père, mais souvent sous celle de leur aïeul ou d'un ascendant plus éloigné, car voici comment la famille romaine était organisée relativement à la puissance paternelle :

Le père de famille, le *pater familias*, celui qui était *sui juris*, exerçait la puissance paternelle sur tous ses enfants au premier degré, de quelque sexe qu'ils fussent. Les enfants de ses fils étaient aussi sous sa puissance, ainsi que les enfants des fils de ceux-ci, et ainsi de suite. En d'autres termes, la puissance paternelle s'étendait sur tous les enfants, à quelque degré qu'ils fussent, qui se rattachaient au chef par une série de mâles. Quant aux filles, elles ne mettaient jamais leurs enfants dans la famille de leur chef, et elles n'avaient jamais sur eux la puissance paternelle. Lorsqu'une femme était *sui juris*, elle formait à elle seule toute sa famille, *familiæ et caput et finis* (1).

Quand le père de famille mourait, tous ses enfants du premier degré devenaient libres, mais ses petits-enfants tombaient sous la puissance de leurs pères respectifs. Que si les pères étaient prédécédés, les petits-enfants n'étant plus précédés dans la famille par personne devenaient *sui juris*. De telle sorte qu'à la mort du chef originaire il se formait autant de familles particulières qu'il y avait d'enfants sous la puissance immédiate.

§ 2. — Puissance paternelle sur les enfants légitimés.

Les légitimations ne furent introduites que très tard dans la législation romaine. C'est Constantin qui le premier en établit l'usage. Elles avaient pour but de faire entrer dans la famille et tomber sous la puissance paternelle des enfants qui n'y étaient pas.

Tous les enfants n'étaient pas susceptibles d'être légitimés : il n'y avait que les enfants simplement naturels, c'est-à-dire nés d'un commerce sinon honorable au moins toléré, comme l'était le *concubinatus*, qui pouvaient jouir du bénéfice de la légitimation.

Le mode de *légitimation* introduit par Constantin est celui que l'on désigne sous le nom de *légitimation par mariage subséquent*. Zénon restreignit le bénéfice de la légitimation par mariage subséquent aux enfants déjà nés lors de la promulgation de sa constitution (2). Justin permit les légitimations pour les enfants à naître, mais seulement au

---

(1) D., 50, 16, 195.
(2) C., 5, 27, 5.

cas où il n'existerait point d'enfants légitimes. Enfin Justinien le permit pour les enfants à venir, même en présence d'enfants légitimes, auxquels du reste ils étaient complètement assimilés.

Mais pour que la légitimation par mariage subséquent pût avoir lieu, il fallait que les enfants fussent nés d'une femme..... *A muliere*, disent les Instilutes, *cujus matrimonium minime legibus interdictum erat* (1). Ce qui ne veut pas dire que le mariage devait être possible au moment où on voulait le contracter, mais bien au moment de la conception des enfants naturels que ce mariage allait légitimer.

Il fallait en outre qu'il fût dressé un acte de mariage (*instrumentum dotale*), non que cet acte fût nécessaire à la validité du mariage ou que les enfants légitimés y dussent être désignés en aucune manière, mais sans doute pour préciser le moment où la légitimation était produite.

On pouvait encore légitimer un enfant en le présentant à la curie. Les empereurs Théodose et Valentinien introduisirent ce nouveau mode de légitimation pour recruter des membres à la curie dont les charges dépassaient de beaucoup les honneurs, et dont on s'éloignait autant qu'on pouvait. Ce mode était à la disposition de tout homme, curial ou non; l'enfant offert à la curie devenait curial et acquérait des droits de succession ab intestat sur les biens de son père naturel. Quant aux filles, elles étaient légitimées en épousant un curial.

Avant Justinien, on ne pouvait légitimer ainsi un enfant naturel qu'autant qu'on n'avait pas d'enfants légitimes ; mais Justinien abrogea cette distinction et permit la légitimation par oblation à la curie, même dans le cas où il y aurait des enfants légitimés.

Il alla plus loin ; il introduisit deux autres modes de légitimation : par rescrit du prince et par testament (2).

§ 3. — Puissance parternelle sur les enfants adoptifs.

L'adoption était un acte qui avait aussi pour but de faire tomber

---

(1) Inst., 1, 10, 13,
(2) Nov., 74, cap. 2 ; Nov., 89, cap. 9, 1.

sous la puissance paternelle d'un chef une personne qui n'y était pas soumise.

Elle se faisait de deux manières, suivant que l'adopté était *sui juris* ou *alieni juris;* au premier cas elle prenait le nom d'adrogation, au second, c'était l'adoption proprement dite.

L'adrogation s'accomplissait dans les curies. A l'adrogeant on demandait s'il consentait à recevoir l'adrogé dans sa famille; à l'adrogé, s'il consentait à entrer dans la famille de l'adrogeant; au peuple, s'il consentait qu'il en fût ainsi; et, quand tous avaient consenti, l'adrogation était faite. C'est de ces interrogations diverses qu'est venu le nom d'adrogation (1).

Mais pourquoi cette solennité dans l'acte de l'adrogation? pourquoi ces curies assemblées et consultées? pourquoi toute la cité appelée à prononcer? Parce que l'adrogation intéressait le droit de la cité et celui de la religion; parce que dans l'adrogation il y avait une famille supprimée et absorbée dans une autre; il y avait un chef qui n'était plus écrit comme chef sur les tables du cens et une famille qui perdait ses dieux domestiques.

L'adoption proprement dite était beaucoup moins ancienne que l'adrogation. Elle ne fut pratiquée que dans un temps où l'esprit des Romains s'était déjà exercé à ruser avec la rigueur du vieux droit des quirites. La loi des Douze Tables n'était rien moins que favorable à l'idée de l'adoption d'un fils de famille et de cette translation de la puissance paternelle. On y arriva néanmoins. Voici comment :

La loi des Douze Tables avait dit : *Si pater filium ter venum duit, filius a patre liber esto* (2). C'était, sans aucun doute, dans une pensée de sévérité, dans le but de punir le père qui use trop souvent de son droit, que cette prescription était écrite. Or, ce châtiment fournit un moyen d'éluder l'esprit de la loi. Le fils était vendu trois fois par son père, et après la troisième vente il était revendiqué par l'adoptant à titre de fils. Personne ne contredisait et le magistrat donnait gain de cause au revendiquant.

L'adoption et l'adrogation faisaient toutes deux passer l'adopté dans

----

(1) Gaius, 1, 99.
(2) 4ᵉ table.

la famille de l'adoptant, avec cette différence toutefois que l'adopté passait seul dans sa nouvelle famille, et que l'adrogé y passait avec sa propre famille tout entière.

Telle était l'ancienne législation.

Quand la souveraineté des empereurs eût remplacé celle du peuple, l'adrogation qui se faisait jadis dans les curies dut se faire désormais par rescrit impérial. L'adoption proprement dite se fit longtemps au moyen des mancipations. Mais Justinien, supprimant ces lenteurs de procédure, publia une constitution en vertu de laquelle on n'eut plus qu'à se présenter devant le magistrat compétent, l'adoptant et le père de l'adopté pour y déclarer leur volonté (1), l'adopté pour consentir ou acquiescer par son silence.

Justinien modifia non-seulement la forme mais encore les effets de l'adoption. Voici pourquoi et en quoi :

L'adoption ayant pour résultat de faire passer une personne *alieni juris* d'une famille dans une autre, il s'ensuivait que tous les liens d'agnation entre lui et sa famille naturelle, et que tous les droits de succession s'évanouissaient. Il est vrai que l'adopté acquérait des droits analogues dans la famille de l'adoptant dont il devenait agnat ; mais s'il était émancipé, il arrivait que cette compensation lui échappait et qu'il se trouvait dépouillé de tous droits héréditaires, et dans une famille et dans l'autre. Le droit prétorien avait bien essayé de remédier à cet état de choses, mais il ne l'avait fait qu'imparfaitement. Il avait décidé que quand un fils de famille donné en adoption était émancipé par son père adoptif du vivant de son père naturel, il avait droit sur les biens de celui-ci à la possession *unde liberi*, comme s'il eût été émancipé directement par le père naturel et ne fût jamais entré dans une famille adoptive, *perinde.... ac si emancipati ab ipso essent, nec unquam in adoptiva familia fuissent* (2). Mais le droit prétorien n'avait porté aucun remède à la position de ceux qui, à la mort de leur père naturel, étaient encore dans une famille adoptive et n'en étaient renvoyés que plus tard. Les préteurs n'étaient pas en cela coupables de négligence ; ils avaient fait tout ce qu'ils avaient pu et pour ceux-là ils ne pouvaient

---

(1) C., 8, 48, 11.
(2) Inst., 3, 1, 10.

rien. En effet, pouvaient-ils les appeler à la succession du père adoptif qui les émancipait? C'eût été ajouter au droit civil et non se borner à en corriger la rigueur; on comprend qu'ils aient considéré comme fils des enfants émancipés que le droit civil excluait de la succession du père, mais que la nature et la voix du sang y appelaient; mais on n'eût pas compris qu'il eût maintenu, en dépit du droit civil, les effets d'une institution purement civile, l'adoption, qu'aurait fait cesser une autre institution civile, l'émancipation. Pouvaient-ils leur conserver leurs droits à la succession du père naturel décédé avant leur émancipation? Non encore, car c'eût été remettre à chaque instant en question des intérêts depuis longtemps liquidés, et soumettre en outre le sort d'une succession ouverte aux caprices du père adoptif qui, par l'émancipation qu'il pouvait accorder, retarder ou refuser, eût été maître de créer, suspendre ou supprimer les droits de l'un des héritiers. Pouvaient-ils enfin les appeler tout de suite et quand même à la succession du père naturel, malgré leur présence dans une famille adoptive? Pas davantage; c'eût été leur faire une position exceptionnelle trop belle, les appeler éventuellement à deux successions ab intestat, et heurter de front toutes les traditions du droit.

C'est cependant ce dernier parti en somme que prit Justinien; car c'est à cela que se résume son système sur les adoptions. Il voulut que quand l'adoptant se trouverait être l'un des descendants de l'adopté, l'adoption conservât son ancien caractère et produisît les mêmes effets. Dans ce cas, en effet, l'adopté changeait de puissance mais non de famille; par conséquent si les droits de l'adoption lui faisaient défaut, il conservait toujours ceux de la nature; et puis l'affection de l'ascendant était un sûr garant que l'adoptant n'abuserait pas de son droit d'émancipation. Mais quand l'adoptant serait autre qu'un ascendant, il voulut que l'adoption n'eût plus d'autre effet que de conférer à l'adopté des droits de succession ab intestat sur les biens de l'adoptant.

De telle sorte que l'adopté se trouvait avoir des droits ab intestat dans deux successions, celle de son père naturel dans la famille de qui il restait, et celle de son père adoptif. Seulement il faut bien remarquer que sur la succession de ce dernier il n'avait que des droits ab intestat; par conséquent la plainte d'inofficiosité lui eût été interdite.

Au surplus, Justinien n'introduisit de changement dans la législation sur l'adoption qu'autant qu'il était nécessaire pour remédier aux inconvénients que j'ai signalés. Aussi, quand l'adopté n'était pas héritier sien dans sa famille naturelle, par exemple, si c'était un petit-fils précédé par son père dans la succession de son aïeul, l'adoption conservait ses anciens effets, parce que l'adopté n'ayant aucun droit dans sa famille naturelle il n'y en avait point à lui conserver.

Ainsi, enfants légitimes, enfants légitimés, enfants adoptifs, telles étaient les personnes soumises à la puissance paternelle. S'y trouvaient aussi les enfants émancipés qui se rendaient coupables d'ingratitude envers le père émancipateur. Une constitution des empereurs Valentinien et Valens les faisait retomber sous la puissance paternelle, et leur enlevait une liberté dont ils s'étaient rendus indignes (1).

CHAPITRE II.

EFFETS DE LA PUISSANCE PATERNELLE.

J'ai déjà dit quel était le caractère de la puissance paternelle chez les Romains. La brutalité originaire persista longtemps, et ce furent les empereurs qui y apportèrent enfin des adoucissements et restreignirent l'institution dans des limites plus raisonnables.

Elle était toute au profit du père de famille qu'elle revêtait d'un pouvoir presque sans limites et sans contrôle, et nullement au profit des enfants à qui elle n'assurait aucune protection ni aucun secours.

Les droits de la puissance paternelle peuvent avoir pour objet la personne des enfants et leurs biens. Mais dans la législation primitive ils n'avaient point ce double objet, parce que tel était son despotisme que l'enfant ne pouvait pas même avoir de biens; tout ce qu'il acquérait était de plein droit acquis à son père.

Quant à la personne des enfants, c'était la confiscation la plus complète et la plus radicale de toute liberté, de toute volonté, de toute capacité; le fils de famille, libre et ingénu dans la cité, était dans la maison de son père comme un esclave, c'est-à-dire un bien, une richesse, une chose que l'on vendait ou gardait suivant que le patrimoine devait y gagner ou en souffrir.

---

(1) C., 8, 50.

Mais par suite des améliorations que le temps apporta à leur position, les fils de famille purent avoir une certaine indépendance, et il leur fut possible d'avoir certains biens. Afin de pourvoir aux difficultés des situations nouvelles qu'elle créait, la législation dut s'occuper de réglementer les droits du père, et quant à la personne des enfants et quant à leurs biens.

C'est ce double point de vue que je vais examiner successivement.

§ 1er. — Quant à la personne des enfants.

Le père n'eut jamais le droit d'ôter à ses enfants leur liberté et leur ingénuité. La qualité de citoyen était à l'abri de ses atteintes. Mais le droit de disposition était absolu. Il avait le droit de vendre ses enfants, et les enfants ainsi vendus étaient dans la famille de l'acheteur sous une puissance qui ne différait guère de celle du maître sur l'esclave : *servorum loco constituuntur*, nous dit Gaïus à leur propos (1). Mais ils ne cessaient pas d'être dans la cité des personnes libres, des citoyens, et, s'ils venaient à être affranchis, des ingénus. C'est ce qui fait dire à l'empereur Constantin dans une constitution (2), que dans le temps même où les pères avaient le droit d'ôter la vie à leurs enfants, ils n'avaient pas celui de leur ôter la liberté.

Mais les mœurs ne tardèrent pas à faire tomber ce droit de vente en désuétude et en ignominie. Au temps de Gaïus, sans qu'aucune loi l'eût supprimée, on n'en usait presque plus que fictivement pour arriver à l'émancipation. Au temps de Paul, un peu plus tard, il ne se faisait plus aucune vente sérieuse d'enfants, si ce n'est *contemplatione extremæ necessitatis aut alimentorum gratia* (3). Enfin, Constantin ne permit de vendre ses enfants que lorsqu'ils venaient de naître (*sanguinolentos*) et que le père était dans une profonde misère (4). Dioclétien avait déjà dit qu'on ne pouvait vendre ses enfants, et que cela était du

---

(1) G. 1, 123.
(2) C., 8, 48, 10.
(3) Paul, sent., 5, 1, 1.
(4) C., 4, 43, 2.

droit le plus évident (*manifestissimi juris*). Voilà où en était arrivé le droit de vente, jadis si absolu.

Le droit de correction fut aussi considérablement restreint. Le droit de vie et de mort ne tint pas contre l'esprit des réformes impériales ; et l'empereur Alexandre Sévère d'abord, puis les empereurs Valère et Gallien un peu plus tard, renfermèrent la juridiction correctionnelle du père dans ses limites rationnelles, en exigeant l'intervention du magistrat toutes les fois que le père aurait un châtiment à infliger à ses enfants (1).

Enfin, le droit d'abandonner ses enfants, de les exposer dans un lieu public, fut aussi réprouvé par le droit des empereurs. Une constitution de Valentinien commence par ces mots : *Unusquisque sobolem suam nutriat* (2). L'abandon des enfants dans un lieu public nous est présenté dans un fragment du Digeste comme un crime, comme un véritable meurtre. *Necare videtur non tantum is qui partum perfocat, sed et... is qui publicis locis misericordiæ causa exponit quam ipse non habet* (3). Voilà donc les parents obligés désormais de garder leurs enfants et de les nourrir ; et cette obligation pour les parents de donner des aliments à leurs enfants amena naturellement l'obligation réciproque des enfants de fournir des aliments à leurs parents quand les uns étaient dans le besoin et les autres dans l'aisance.

Et remarquons bien que ces devoirs d'assistance et de secours entre les parents et les enfants ne furent point des conséquences de l'institution civile de la puissance paternelle, mais des innovations d'un législateur souverain qui, libre d'entraves et exempt de timidités, mit en oubli les antiques institutions de Rome pour consacrer les droits du sang et les principes plus larges de l'équité sociale. Aussi les enfants émancipés aussi bien que ceux qui étaient en puissance devaient donner des aliments et avaient le droit d'en recevoir (4) ; et les aliments étaient dus aux parents maternels comme aux parents paternels.

Ainsi, du droit de disposition et de vente, il ne resta plus rien ; du

______

(1) C. 8, 48, 3 et 4.
(2) C., 8, 52, 2.
(3) D., 25, 3, 4.
(4) D., 25, 3. 5, § 1.

droit de correction, seulement la faculté de se plaindre au magistrat et de requérir un châtiment; du droit d'exposition, plus rien. Telle était la législation romaine sous Justinien.

§ 2. — Quant aux biens.

Le fils de famille, ai-je dit, n'avait aucun bien à lui; s'il ne pouvait être propriétaire des biens qu'il acquérait, *a fortiori* ne devait-il avoir aucun droit sur les biens de son père. Le père devait être le maître absolu de sa fortune, et si sa puissance pouvait être entravée ou restreinte, ce ne devait certes pas être en considération de ses enfants. Aussi la loi des Douze Tables disait-elle en parlant du père de famille : *Uti legassit suæ rei ita jus esto.* Par conséquent, le père pouvait faire de ses biens tout ce que bon lui semblait; il pouvait en faire donation entre-vifs, ou donation à cause de mort, ou en disposer par testament en faveur de toutes personnes et ruiner complétement son enfant.

Il y a plus : quand l'enfant était impubère, le père en faisant son testament pouvait faire celui de son enfant pour le cas où celui-ci mourrait après son père et avant d'avoir atteint l'âge de puberté, l'âge auquel il pourrait lui-même faire un testament. C'était ce qu'on appelait *la substitution pupillaire.* Le droit de substituer pupillairement était un attribut de la puissance paternelle; ce n'était nullement pour le père le droit, prolongé au delà du trépas, de disposer de ses propres biens dans le cas où l'enfant qui les recueillerait mourrait avant l'âge où il en pourrait disposer lui-même : car le père ne pouvait substituer qu'à l'enfant qu'il avait en sa puissance, et ne l'aurait pas pu à un impubère étranger qu'il aurait institué héritier; car, en outre, il pouvait substituer à son enfant en l'exhérédant, en le dépouillant de toute sa succession. Le père exerçait donc un droit qui appartenait à l'enfant, et que celui-ci ne pouvait exercer qu'au moment où il serait *sui juris :* les effets de la puissance paternelle s'étendaient ainsi au-delà des limites de la vie du père.

Cependant la loi des Douze Tables avait conféré des droits héréditaires ab intestat aux enfants en puissance : *Si intestato moritur, cui* suus heres nec sit, *adgnatus proximus familiam habeto.* A la mort du père de famille, les enfants continuaient sa personne et entraient dans tous ses droits et toutes ses obligations : *familiam habeto.* Ils avaient donc la perspective qu'un jour les biens de leur père pourraient être à eux. La jurisprudence trouva rigoureux que cette perspective, que cette éventualité pût être enlevée tout à coup par un testament. Elle imagina donc que les enfants étant, d'après la loi des Douze Tables, *héritiers siens,* étaient en quelque sorte copropriétaires avec leur père des biens de la famille, et qu'ils ne pouvaient pas être exclus de cette copropriété indirectement et pour ainsi dire *a contrario* par l'institution d'un étranger, mais qu'ils ne pouvaient l'être que formellement, par une disposition expresse du testament paternel. La volonté du père, la souveraineté du chef, consacrée par la loi des Douze Tables, n'était ainsi nullement restreinte, et si l'on en vint à exiger du père une déclaration formelle d'exclusion, c'était sans doute pour l'obliger à réfléchir plus sérieusement à ce qu'il allait faire, et aussi, peut-être, pour multiplier les causes de nullité d'un testament défavorable aux enfants. L'abus que le père pouvait faire de son droit était loin d'être détruit, mais il était signalé ; et l'on n'en devait pas rester là. Voici par quelle suite d'idées on fut amené à le détruire.

Souvent les testateurs instituaient un héritier, et puis ils léguaient la totalité de leurs biens à d'autres, de sorte que l'institué n'ayant plus intérêt à accepter l'hérédité, ne l'acceptait pas et que le testament demeurait sans effet : le fisc en souffrait, qui tirait un revenu considérable des testaments, et le testateur aussi, qui avait la honte de laisser une hérédité sans testament. La loi Falcidie pourvut à ces inconvénients en ordonnant que le testateur ne pourrait plus léguer que les trois quarts de ses biens, et que l'héritier ou les héritiers institués auraient droit à un quart. Cette loi Falcidie n'était donc faite que pour les hérédités testamentaires, et ne concernait qu'elles ; son esprit, le but qu'elle voulait atteindre, les inconvénients auxquels elle voulait porter remède, tout montre qu'elle ne pouvait être appliquée qu'aux hérédités testamentaires et que, transportée dans les hérédités ab intestat, elle n'eût plus eu ni la même portée, ni le même esprit.

On ne s'inquiéta point de ces considérations ; la loi était faite, on l'appliqua telle quelle aux héritiers du sang. On ne sait trop comment l'application eut lieu, mais elle se fit, et les enfants du testateur furent désormais assurés d'une partie de sa fortune : ils étaient *héritiers réservataires.*

Toutes ces réformes, très avantageuses sans doute pour les enfants, leur assuraient bien une fortune pour le temps où leur père serait mort, mais n'amélioraient pas leur sort pour tout le temps de sa vie. La législation impériale y pourvut par l'introduction des pécules.

On appelait pécule ce que le père confiait à l'administration et aux soins de ses enfants ou de ses esclaves. Le pécule du fils appartenait au père comme tout le reste du patrimoine ; le fils administrait le pécule ; il le détenait à titre précaire, mais ce n'était là qu'un fait et non pas un droit.

Les premiers empereurs, voulant favoriser l'armée, dont ils avaient besoin, créèrent le pécule castrans (*castrense peculium*). Le pécule castrans se composait de tout ce que le fils de famille emportait au service militaire, et de tout ce qu'il y gagnait. Ainsi, l'équipement, du soldat, fût-il fourni par le père, les économies de la paie, le butin pris sur l'ennemi, les libéralités faites par les compagnons d'armes, en un mot tout ce qui était acquis pendant le service militaire et à cause du service militaire, tout cela tombait dans le pécule castrans. *Castrense peculium, dit Macer, est quod a parentibus vel cognatis in militia agenti donatum est, vel quod ipse filiusfamilias in militia acquisivit, quod nisi militaret adquisiturus non fuisset ; nam quod erat et sine militia adquisiturus, id peculium ejus castrense non est* (1).

Il importe de bien préciser quel était le droit du fils de famille sur le pécule castrans et la position de son père. Le fils était propriétaire indépendant et maître absolu de ce pécule ; il pouvait l'administrer, le grever de dettes, l'aliéner, le donner entre-vifs, voire même par testament : des constitutions lui avaient conféré spécialement ce dernier droit. Quand le fils de famille mourait, s'il laissait un testament, son pécule constituait une hérédité testamentaire et passait à l'héritier institué ; mais s'il n'en laissait pas, son pécule ne constituait plus une hérédité, et retournait au père à titre de pécule : *non quasi hereditas, sed quasi peculium bona ejus patri deferuntur*, dit le jurisconsulte (2) ; l'ancienne législation reprenait son empire, et le fils n'ayant point usé de son droit de tester était censé n'avoir jamais eu de pécule castrans,

(1) D., 49, 17, 11.
(2) D., 49, 17, 2.

si bien que les biens qu'il laissait étaient censés avoir toujours appartenu au père, *postliminii cujusdam similitudine*, dit un autre fragment du Digeste (1). De sorte que les aliénations que le père aurait faites du pécule castrans de son fils seraient valables, si au moment où elles devaient avoir effet le fils était mort intestat (2). De ces différentes idées combinées, il résultait que le fils était maître de son pécule castrans, qu'il n'en devait point compte à celui sous la puissance de qui il se trouvait (3), mais que d'autre part le père avait sur ce pécule certains droits au moins éventuels, et par conséquent ne devait pas, par rapport à lui, être considéré tout à fait comme un étranger, mais plutôt comme quelqu'un *cui bonis interdictum est* (4). Ces principes donnent la clef de la plupart des difficultés que les jurisconsultes ont élevées sur le sort du pécule castrans après la mort du fils décédé intestat; on en peut facilement déduire les raisons qui les font douter et hésiter dans les hypothèses qu'ils proposent, et l'on peut remarquer qu'ils en font souvent fléchir la rigueur par des considérations d'humanité et de douceur, pour admettre des solutions que les principes seuls auraient certainement repoussées.

Justinien modifia un peu la législation sur ce point, en déclarant que même dans le cas où le fils de famille mourrait intestat, son pécule castrans n'appartiendrait au père sous la puissance duquel il se trouvait qu'à défaut d'enfants et de frères ou de sœurs. Donc, quand le défunt laisse des enfants ou des frères ou sœurs, le pécule castrans leur passe, et alors à titre d'hérédité ab intestat; voilà donc le pécule castrans constitué en hérédité légitime au regard des enfants et des frères ou sœurs. Que si le défunt ne laisse ni enfants, ni frères ou sœurs, le pécule castrans retourne au père... *jure communi* dit Justinien (5). *Jure communi*, c'est-à-dire par droit de pécule, suivant l'ancienne législation.

Les premiers empereurs avaient créé le pécule castrans. Plus tard, les empereurs qui suivirent, à partir de Constantin, introduisirent,

---

(1) D., 49, 17, 19, § 3, *in fine.*
(2) D., 49, 17, 18, 1.
(3) D., 49, 17, 10. — C., 12, 37, 3, *in fine.*
(4) D., 49, 17, 18, 2 et 3.
(5) Inst., 2, 12, pr.

organisèrent et étendirent un autre pécule, sur le modèle du premier, et en beaucoup de points semblable : c'était le pécule *quasi-castrans.* Il se composait d'abord des biens que les fonctionnaires du palais impérial avaient acquis dans leurs charges (1); successivement il fut étendu à tout salaire du gouvernement, dans quelque charge qu'il fût gagné.

L'assimilation de ce pécule au pécule castrans fut d'abord incomplète; il tenait le milieu pour ainsi dire entre le pécule castrans et un autre pécule aussi de création nouvelle et qu'on appelait *paganum* ou adventice. Mais Justinien fit disparaître toute différence entre les pécules castrans et quasi-castrans, et entre les droits du fils de famille sur l'un et sur l'autre.

Enfin, les empereurs établirent une troisième espèce de pécule, le pécule adventice. C'est encore à Constantin qu'en remonte l'origine. D'après la constitution de cet empereur (2), le pécule adventice se composait des biens venus au fils de famille de la succession de sa mère, soit par testament, soit ab intestat. Plus tard, tous les biens que le fils de famille acquérait à titre gratuit de ses parents maternels, par testament, fidéicommis, legs, donation ou autrement, tous ces biens-là entrèrent dans le pécule adventice en vertu d'une constitution des empereurs Arcadius et Honorius (3). Plus tard encore, Théodose et Valentinien y firent entrer tout ce qui provenait à un époux de son conjoint. Finalement, Justinien y comprit tout ce que les enfants en puissance pouvaient acquérir d'ailleurs que de la fortune de leur père, soit dans le commerce ou par un travail quelconque, soit de la libéralité d'un étranger, ou de toute autre manière (4).

Les droits du fils de famille sur ce pécule ainsi composé se réduisaient à la nue propriété seulement; l'usufruit appartenant au chef de famille, en vertu de sa puissance paternelle. Ainsi l'avaient décidé les constitutions impériales. Au surplus, c'était là le principe général; mais il y avait des cas où le pécule adventice appartenait au fils en

---

(1) C., 12, 31.
(2) C., 6, 60, 1.
(3) C., 6, 60, 2.
(4) C., 6, 61, 6.

pleine propriété. Il en était ainsi quand les biens provenaient d'une succession ou d'un legs que le fils acceptait malgré la volonté de son père (1). Il en était encore ainsi des biens composant la portion afférente au fils dans la succession du frère décédé où il était venu concourir avec son père (2). Enfin, il en était de même des biens donnés ou légués à une personne en puissance, sous la condition que le père n'en jouira pas (3).

Le père ayant l'usufruit des biens de son enfant en avait aussi l'administration, et il n'était pas obligé de donner hypothèque sur ses biens pour jouir. Il lui était interdit d'aliéner ou d'hypothéquer les biens dont il jouissait; mais hors cela il pouvait agir, administrer, gérer comme bon lui semblait, sans que le fils nu-propriétaire eût le droit d'élever aucune plainte (4).

Quant aux biens dont le père n'avait pas l'usufruit, ils étaient administrés par le fils lui-même, s'il était majeur de vingt-cinq ans. S'il était mineur de vingt-cinq ans, ils l'étaient par son père; si son père s'y refusait, le fils pouvait demander au magistrat compétent la nomination d'un curateur à qui l'administration en était confiée. Enfin, si le fils était trop jeune pour pouvoir s'occuper de ses affaires, demander un curateur au juge compétent, et conserver ses droits (*in prima ætate*), le père était naturellement chargé d'agir en son nom; sa conduite, il est vrai, n'était point contrôlée, mais le fils avait contre ses actes la *restitutio in integrum*. Lorsqu'il s'agissait de biens donnés avec condition que le père n'en jouirait pas, le donateur indiquait souvent celui à qui il entendait que l'administration fût confiée; ce n'était qu'à défaut de cette désignation que le magistrat nommait un curateur.

Voilà où en étaient venues les choses sous la législation de Justinien.

CHAPITRE III.

COMMENT SE DISSOUT LA PUISSANCE PATERNELLE.

Non modo consensu patria liberi potestate, sed actu solenni vel casu

---

(1) C., 6, 61, 8.
(2) Nov. 118, cap. 2.
(3) Nov. 117, cap. 1.
(4) C., 6, 61, 2.

liberantur(1). Le fait (*casus*), l'événement auquel cette constitution fait allusion, c'est la mort ou la perte du droit de cité, arrivant soit au père, soit au fils. L'acte solennel, c'est l'émancipation.

Le fait qui devait mettre le plus inévitablement fin à la puissance paternelle, c'était la mort du père ou celle de l'enfant. A la mort de l'enfant point de difficulté, la puissance à laquelle il était soumis, n'ayant plus d'objet, s'évanouissait. Quand c'était le père qui mourait, tous les enfants qui étaient sous sa puissance immédiate, sans aucun intermédiaire devenaient *sui juris* et formaient chacun une famille particulière.

La perte des droits de cité faisait perdre la puissance paternelle, puisque cette puissance était un droit civil. Ainsi, quand le père ou le fils était fait esclave, ou était déporté ou fait prisonnier, il n'y avait plus de puissance paternelle possible.

Enfin, l'émancipation était l'acte solennel et volontaire qui dissolvait la puissance paternelle. Dans l'esprit du vieux droit romain, l'émancipation n'allait pas de soi. Bien au contraire, la puissance paternelle dans la loi des Douze Tables semblait avoir *à priori* un caractère indélébile; si bien qu'en principe il n'y avait pas de vente, pas d'aliénation qui dût la briser à toujours. La loi, s'attachant sans doute à l'immutabilité du fait de la paternité et de la filiation, voulait que les conséquences qu'elle en tirait fussent immuables comme leur principe: elle voulait, autant qu'il était en elle, maintenir et perpétuer la puissance paternelle en dépit des actes qui pouvaient tendre à la dissoudre. Aussi, quelle différence entre la puissance paternelle et la puissance dominicale, par exemple! Un maître pouvait affranchir son esclave, un père ne pouvait affranchir son enfant. Qu'un homme vende son esclave, sa puissance était irrévocablement éteinte. Mais qu'il vende son enfant..... Pour le moment, la puissance paternelle n'existait plus; mais le fils venait-il à être affranchi par son acheteur, immédiatement la puissance paternelle ressuscitait, et le fils, au lieu de devenir *sui juris*, comme le serait devenu l'esclave dans le même cas, retombait sous la puissance de son père. Et l'enfant maintes fois vendu et toujours affranchi aurait dû y retomber toujours.

---

(1) C., 8, 47, 3.

Mais la loi des Douze Tables avait dit : *Si pater filium ter venum duit, filius a patre liber esto.* C'était évidemment un châtiment qu'elle infligeait au père ; et si quelque chose prouve le principe de l'indissolubilité de la puissance paternelle aux yeux de la loi des Douze Tables, c'est bien ce texte qui le reconnaît implicitement en en limitant arbitrairement les conséquences.

Eh bien, c'est précisément ce texte qui a fourni le moyen de la dissoudre. On ne pouvait affranchir son enfant, on le vendait trois fois à quelqu'un qui promettait chaque fois de l'affranchir, et après la troisième vente et le troisième affranchissement, l'enfant ne retombait plus en puissance et devenait *sui juris.* Tel fut le mode primitif d'émancipation.

C'était pour les fils seulement que trois ventes étaient nécessaires, car la loi disait : *Si pater* filium *ter.....,* et ne parlait ni des filles ni des petits-enfants. Que fallait-il conclure de ce silence? En bonne foi, il eût peut-être fallu raisonner ainsi : Ou les filles et descendants sont implicitement désignés par le mot *filium* du texte des Douze Tables, et alors trois ventes sont également nécessaires à leur égard, ou bien ils n'y sont pas désignés, et alors, la loi étant muette sur leur compte, il faut dire d'eux ce qu'on eût dit du fils lui-même sans le texte : *Si pater filium....,* et leur appliquer le principe absolu de l'indissolubilité de la puissance paternelle. Il n'y avait pas de milieu. Mais les prudents n'y mirent point tant de façons, et dirent tout simplement : La loi des Douze Tables exige trois ventes pour dissoudre la puissance paternelle sur le fils, et elle ne parle ni des filles ni des descendants. C'est apparemment qu'à leur égard les Douze Tables entendent qu'une seule vente suffira. Tout le monde les crut, et on fit bien.

Ces mancipations et ces affranchissements successifs entraînaient inévitablement des longueurs dont on accepta d'abord avec joie la ressource, mais dont on subit bientôt la gêne avec ennui. L'empereur Anastase déclara dans une constitution (1) que l'on pourrait désormais émanciper ses enfants en demandant à l'empereur un rescrit qui autorisât l'émancipation et en le remettant au magistrat, accompagné d'une requête. Justinien simplifia encore les choses en permettant

---

(1) C., 8, 49, 5.

l'émancipation même sans rescrit impérial. Depuis lors, l'émancipation se fît par la simple déclaration des parties devant le magistrat compétent.

L'adoption était encore un moyen de dissoudre la puissance paternelle, puisque pour faire entrer un enfant dans une famille à laquelle il était étranger, il fallait évidemment le faire sortir de la sienne. Du reste, la puissance paternelle était détruite par le même procédé que par l'émancipation, par trois ventes et trois affranchissements.

Une observation qui s'applique également à tous les cas où la puissance paternelle est volontairement dissoute, c'est que le consentement de l'enfant était nécessaire. Ainsi, pour l'émancipation comme pour l'adoption, il fallait que l'enfant consentît ou plutôt il suffisait qu'il ne refusât pas.

Pour terminer la nomenclature des causes qui peuvent dissoudre la puissance paternelle, je dois ajouter que la dignité de vestale et celle de flamine affranchissaient de cette puissance. La protection du dieu ou de la déesse suffisait pour remplacer celle du père. Quant aux autres dignités, elles n'avaient pas la même vertu; sénateurs, consusl, dictateurs, tous étaient soumis à la puissance du père. Il en fut ainsi jusqu'à Justinen, c'est-à-dire que depuis la disparition du paganisme, comme il n'y avoit plus ni flamines ni vestales, il n'oxista plus aucune dignité qui eût pour effet de libérer de la puissance paternelle. Mais Justinien ne put souffrir que celui que l'empereur se choisissait pour père, pour patrice, fut soumis à la puissance d'un autre; il déclera donc que la dignité de patrice affranchirait désormais de la puissance paternelle. Plus tard, dans la Novelle 81, il ne put encore souffrir que les consuls, les maîtres de la cavalerie, les questeurs du palais, les évêques, fussent soumis à la puissance paternelle. Il les en affranchit donc. Il voulut en outre que les fils sortis de cette façon de leur famille, y conservassent néanmoins tous leurs droits.

Ainsi, pour me résumer :

Les fils de famille, dans l'ancien droit, n'avaient ni personnalité, ni capacité civile, ni propriété. Sous Justinien, ils étaient capables de tous actes civils, et ils avaient des biens. Dans l'origine, le despotisme du père était absolu; le père ne devait rien, puisqu'il pouvait tout ; tuer, vendre, châtier son enfant de toutes les manières, tels étaient les droits dont il pouvait user. Sous Justinien, l'enfant ne pouvait plus être ni vendu, ni tué, et devait être gardé, nourri et entretenu par son père; quant au châtiment, il ne pouvait en recevoir qu'avec l'intervention du magistrat. Autrefois la puissance paternelle était de principe indissoluble; ce n'est qu'à grand'peine qu'on parvint à la dissoudre et par des détours fort compliqués. Sous Justinien, la puissance paternelle était dissoute par la simple déclaration qu'en allaient faire les parties devant le magistrat compétent.

ANCIEN DROIT.

La Gaule, conquise par les Romains, avait adopté la législation de Rome, et elle en suivit la fortune pendant tout le temps que dura la domination romaine. Les Germains, quand ils y arrivèrent, trouvèrent donc les lois romaines installées partout et partout observées. Leurs coutumes assez grossières, et tout incomplètes, présentant plus de lacunes que de tissu, n'étaient guère faites pour se substituer aux lois romaines. Cependant, le territoire de la Gaule se partagea tout naturellement entre les deux législations. Les lois romaines persistèrent dans les provinces du Midi, plus voisines de Rome, et les coutumes germaines s'établirent dans les provinces du Nord, plus voisines de la Germanie et plus pénétrées par l'invasion des tribus germaines.

Quant aux provinces du Midi, aux pays de droit écrit, la législation, en ce qui touche la puissance paternelle, était donc tout simplement le droit romain dans son dernier état, tel que je l'ai fait connaître, sauf quelques modifications que des coutumes locales parvinrent à y substituer, dans quelques provinces, à l'ancienne législation. C'est ainsi que, dans quelques pays, on avait admis, outre l'émancipation expresse, une émancipation tacite, résultant ou du mariage de l'enfant avec le consentement du père, ou de sa nomination à certaines fonctions publiques avec ce même consentement, ou enfin du fait que le fils aurait demeuré hors de chez son père pendant un certain temps, tenu *feu et lieu de son chef* pendant dix ans dans certaines provinces, dans d'autres pendant un an et un jour. Ces modifications étaient dues, sans doute, à l'influence des coutumes germaines, qui, pour n'avoir pas prévalu dans les provinces du Midi, a dû au moins s'y faire sentir dans une certaine mesure.

Or, sur le point dont je m'occupe, l'esprit des coutumes germaines était complétement différent de celui des lois romaines : car la puissance paternelle était pour elles une puissance toute de protection et de défense instituée et organisée dans l'intérêt exclusif des enfants. C'était le contrepied des lois romaines.

Voici quelles étaient les coutumes franques avant les temps de la féodalité.

CHAPITRE Ier.

SOUS LES DEUX PREMIÈRES RACES.

§ 1er. — A qui appartient le *mundium*.

La puissance tutélaire que le père avait sur son enfant s'appelait *mundium*. Dans une société aussi peu avancée et aussi grossière que celle des tribus germaines, la protection des faibles contre les forts fut le premier besoin auquel la coutume devait pourvoir.

Le *mundium* n'appartenait jamais à la mère : car c'était une protection qu'il fallait donner à l'enfant en cas d'attaques dirigées contre lui, et la mère, faible elle-même, n'eût pas été capable de la lui donner, si peu capable dans les idées des Francs, qu'elle était elle-même soumise pendant toute sa vie au *mundium* de quelqu'un. Quand donc le père était mort, le *mundium* de l'enfant passait aux plus proches parents paternels ; à leur défaut, il passait au roi.

Si les enfants laissés par le père étaient des filles, elles restaient, ai-je dit, pendant toute leur vie soumises au *mundium*. Elles passaient du *mundium* de leur père sous celui de leurs plus proches parents paternels, à leur défaut sous celui du roi. Quand elles se mariaient, elles passaient sous celui de leur mari. Le mari achetait le *mundium* de sa femme à ceux qui l'exerçaient. Mais cet achat, sérieux peut-être dans l'origine, ne tarda pas à devenir uniquement symbolique.

§ 2. — Sur qui il s'exerçait.

Les enfants soumis au *mundium* du père étaient les enfants nés du mariage, tous les enfants nés pendant le mariage. La maxime : *Pater is est quem nuptiæ demonstrant,* n'était pas formulée dans les lois franques, mais elle y était certainement admise. La loi des Alemans en offre une application remarquable : quand un homme a enlevé la femme d'un autre et que cette femme revient chez son mari avec un enfant du ravisseur, le *mundium* de cet enfant appartient au mari.

§ 3. — Effets du *mundium*.

Le *mundium* avait pour objet la personne des enfants et leurs biens.

I. La personne des enfants.

Les Germains n'eurent jamais le droit de vie et de mort sur leurs enfants. Ils eurent le droit de les vendre, mais ce droit ne tarda pas à disparaître sous l'influence des idées chrétiennes. La puissance paternelle se bornait donc au droit d'éducation et au droit de correction; mais elle consistait surtout et principalement dans le devoir de protection. Quand une injure était faite à un enfant, c'était le *manbour* qui était chargé d'en poursuivre la vengeance et la réparation, et c'était à lui qu'appartenait l'amende réparatrice.

Le *mundium* sur les femmes âgées de plus de douze ans suivant la loi salique, de plus de quinze suivant la loi ripuaire, n'était pas aussi étendu que celui des filles de moins de douze ou de quinze ans. Ainsi, les filles majeures de cet âge pouvaient, avec l'autorisation du magistrat, se marier malgré la volonté de leurs *manbours*; mineures, elles ne le pouvaient pas. Ainsi encore, quand une injure leur était faite, si elles étaient mineures, l'amende appartenait au *manbour*; majeures, elles l'acquéraient pour elles-mêmes.

II. Sur les biens des enfants.

L'enfant pouvait avoir des biens. Ce qui était acquis par lui ou à cause de lui était à lui. Le père en avait l'administration et l'usufruit jusqu'à ce que l'enfant eût atteint l'âge de douze ans ou de quinze ans, l'âge de la majorité comme nous disons aujourd'hui. Il importait peu qu'il fût encore marié avec la mère de l'enfant ou qu'il fût veuf ou même qu'il fût remarié.

Cette attribution au père de l'usufruit des biens des enfants ne provenait pas d'une théorie bien précise, d'une distinction bien tranchée entre l'usufruit et la nu-propriété. Cette jouissance, dans les coutumes franques, était tout simplement une conséquence naïve de son administration au lieu et place de l'enfant. Elle finissait donc tout naturellement avec l'administration dont elle était la suite quand l'enfant était majeur.

Si le père venait à mourir, à qui l'administration des biens des enfants passait-elle ? La loi salique ne s'explique point à ce sujet. La *lex Burgundiorum* accordait à la mère veuve et non remariée la tutelle de ses enfants mineurs et la jouissance de leurs biens. Que si la mère venait à mourir, sa jouissance prenait fin, et la tutelle des enfants passait aux plus proches parents paternels.

§ 4. — Comment finissait le *mundium*.

La mort du père et celle de l'enfant mettaient évidemment fin au *mundium*.

En outre, le *mundium* finissait quand l'enfant mâle atteignait l'âge de douze ans selon la loi salique, celui de quinze ans selon la loi ripuaire. Le *mundium*, en effet, n'était qu'une protection instituée au profit de l'enfant, devait cesser quand l'enfant n'en avait plus besoin. Et c'était à douze ans que la loi salique jugeait que l'enfant pouvait se défendre lui-même. Quant à la fille, la majorité ne l'affranchissait pas du *mundium*, auquel elle restait soumise toute sa vie, mais elle avait pour effet d'en diminuer l'étendue.

Telle était, à grands traits, la physionomie de l'institution du *mundium* avant la féodalité. Ce sont ces idées, ce sont ces principes qui ont produit la puissance paternelle au moyen âge dans les pays coutumiers. Les limites où je suis renfermé ne me permettent pas d'entrer dans le détail des diversités qui se produisaient d'une coutume à l'autre. Je me bornerai donc à indiquer quelques principes acceptés plus généralement que d'autres, et ensuite je dirai quelques mots sur la *garde-noble* et la *garde bourgeoise* admises par quelques coutumes, non que le droit de garde tienne en rien à la puissance paternelle, mais parce qu'il y avait là des pratiques dont les législateurs de 1804 se sont souvenus et qu'ils ont transportées dans l'usufruit paternel.

CHAPITRE II.

AU MOYEN AGE.

C'était un brocard formulé et accepté par les jurisconsules du temps, que *dans les pays de coutume puissance paternelle n'a lieu*. Ce qui ne veut pas dire que, dans les pays coutumiers, les enfants étaient affranchis de tous devoirs envers leurs parents, et les parents de toutes obligations vis-à-vis de leurs enfants ; que les premiers ne devaient ni piété, ni respect, et les seconds ni soins, ni secours, ni aliments ; on entendait par là que la puissance paternelle des Romains avec ses principes et avec ses conséquences n'était point acceptée. C'était une autre puissance paternelle qui y était instituée, une puissance paternelle plus douce, plus bénigne, plus favorable aux enfants.

§ 1er. — A qui appartenait la puissance paternelle.

La puissance paternelle appartenait d'abord au père. Dans quelques coutumes elle appartenait au père seul et jamais à la mère ; c'était l'exagération romaine. Dans d'autres, par une exagération contraire, la mère, devenue veuve, exerçait la puissance, et en se remariant elle la transportait à son second mari (coutume du Hainaut) ; mais si elle mourait, ce second mari ne conservait pas la puissance paternelle sur les enfants de sa femme. D'autres enfin, les plus raisonnables, accordaient la puissance paternelle à la mère non remariée.

§ 2. — Sur qui elle s'exerçait.

Etaient soumis à la puissance paternelle dans les pays de coutume, les enfants légitimes, les enfants légitimés et les bâtards dont la filiation était constante.

Les enfants légitimes étaient ceux qui étaient nés pendant le mariage ; les enfants légitimés étaient les bâtards qui obtenaient des lettres du prince, ou dont les parents contractaient un subséquent mariage.

Les bâtards simples étaient ceux qui étaient nés d'un commerce illicite, mais dont les parents pouvaient se marier au moment de leur conception. La puissance paternelle sur les bâtards était exercée par la mère de préférence au père, parce que, suivant l'idée romaine, le bâtard suivait la condition de sa mère. Et la mère à qui un homme serait venu disputer la puissance paternelle sur son enfant, pouvait la lui contester en soutenant qu'il n'était pas le père, et se dispenser de nommer celui qui l'était, parce que ces déclarations sont contraires à l'honnêteté publique. Au surplus, les magistrats avaient, dans ces cas, un pouvoir discrétionnaire ; ils devaient consulter le plus grand intérêt de l'enfant, remettre son éducation à celui du père ou de la mère qui leur inspirait le plus de confiance, ou même la retirer à tous deux.

§ 3. — Effets de la puissance paternelle.

Les pères, en vertu de leur puissance, n'avaient guère plus de droits que les tuteurs.

I. Quant a la personne des enfants.

Ils étaient chargés de les élever, de diriger leur éducation ; par conséquent ils avaient droit de les tenir dans un lieu déterminé et de les y surveiller, et le droit de les réclamer à ceux qui les en auraient ôtés.

Ils avaient, comme sanction, le droit de correction ; mais droit modéré, droit restreint dans des limites raisonnables.

Merlin rapporte qu'un père avait condamné son enfant à vingt ans de galères pour avoir tenté de lui donner la mort, et que le magistrat en appela *a minima* de cette condamnation prononcée sur l'avis de la famille, et que le coupable fut condamné aux galères perpétuelles. Mais de droit commun, le père n'avait que la faculté de faire enfermer son enfant dans une maison de force, de sa propre autorité ; encore fallait-il qu'il ne fût pas remarié. Que s'il avait convolé, il ne pouvait que requérir une ordonnance du lieutenant civil.

La mère non remariée n'avait que le droit de requérir l'ordonnance du magistrat; que si elle se remariait elle perdait complétement le droit de correction. Le magistrat ainsi requis pouvait, s'il le jugeait à propos, s'éclairer de l'avis des plus proches parents du mineur.

Merlin rapporte aussi des arrêts qui ont refusé au père le droit d'abréger la détention par lui requise.

II. Quant aux biens,

Le père n'avait point la jouissance des biens de ses enfants, il n'en avait que l'administration, et il devait rendre compte comme tout tuteur. Dans quelques coutumes il avait l'usufruit, mais seulement jusqu'à ce que l'enfant eût atteint l'âge de vingt-cinq ans.

§ 4. — Comment finissait la puissance paternelle.

La puissance paternelle prenait fin d'abord par la mort du père et de l'enfant.

Elle finissait encore lorsque l'enfant atteignait sa majorité, c'est-à-dire l'âge de vingt-cinq ans.

Enfin elle finissait par l'émancipation. L'émancipation était expresse ou tacite. Expresse, quand le père en faisait la déclaration formelle devant un notaire (certaines coutumes même voulaient que l'émancipation fût faite en justice); tacite, quand elle résultait du mariage. L'émancipation expresse pouvait être faite à tout âge.

Il me reste maintenant à donner quelques notions sur la *garde noble* et sur la *garde bourgeoise*, afin d'indiquer la source à laquelle les législateurs de 1804 ont puisé plusieurs dispositions de l'usufruit paternel.

APPENDICE.

GARDE NOBLE ET GARDE BOURGEOISE.

Le droit de garde n'était autre chose qu'un usufruit accordé sur les biens du mineur.

Cet usufruit ne se rattache en rien aux théories des diverses coutumes sur la puissance paternelle, car les unes, celles qui admettaient l'usufruit paternel, ne faisaient qu'appliquer la législation romaine, et précisément la garde n'existait pas chez elle; et les autres, celles qui avaient mis de côté les lois romaines, n'accordaient pas au père l'usufruit des biens de ses enfants, et chez elles le droit de garde existait. Le droit de garde a une origine toute féodale. Le fief devait le service militaire au seigneur. Quand il tombait entre les mains d'un mineur, le service militaire ne pouvait être fourni, puisque le mineur en était incapable. Alors le seigneur, pour s'indemniser de cette perte, percevait pour lui-même les fruits du fief jusqu'à ce que le mineur eût atteint l'âge du service militaire. Plus tard, le seigneur négligea cet usufruit, et le céda aux parents du mineur, à la condition qu'ils rendraient à sa place le service qu'il ne pouvait pas donner. Puis l'obligation du service militaire disparut et la coutume qui avait institué la garde demeura. Et ce ne fut plus seulement sur les terres nobles, mais ce fut à toutes les personnes nobles que le droit de garde fut concédé.

Quant à la garde bourgeoise, c'était un droit analogue à la garde noble, organisé à l'exemple de celle-ci et qui existait dans quelques coutumes, entre autres dans la coutume de Paris.

La garde noble était déférée au père ou à la mère; dans quelques coutumes, aussi aux aïeuls et aïeules, et même à tous ascendants et collatéraux.

Le gardien noble devait être noble. La veuve d'un noble, quoique roturière, pouvait être gardienne. Les mineurs nobles pouvaient être gardiens des biens de leurs enfants, parce que le mariage émancipait. Les interdits ne pouvaient pas l'être.

La garde ne se déférait qu'une fois, à la mort du conjoint dont les biens donnaient lieu au droit de garde. Si le gardien mourait, la garde n'était point déférée à d'autres.

Dans certaines coutumes, la garde était déférée de plein droit; dans d'autres, elle devait être acceptée. Dans quel délai l'acceptation devait-elle être faite? Dans la coutume qui s'en expliquait, point de difficulté; mais dans celles qui étaient muettes, que décider? Il faut décider évidemment que l'acceptation pouvait être faite tant que les mineurs n'avaient pas atteint l'âge où finit la garde.

Le droit de garde frappait sur tous les biens de l'époux prédécédé; mais tous autres biens en étaient exempts. Dans quelques coutumes le gardien acquérait les meubles en pleine propriété, sans doute à cause du peu d'importance qu'était censée avoir la propriété mobilière.

Le gardien percevait tous les fruits naturels, civils et industriels.

Il devait soigner, entretenir et nourrir le mineur, et pourvoir à tous ses besoins; il devait supporter toutes les dépenses d'entretien des biens dont il jouissait.

Il devait faire inventaire et donner caution.

Il devait payer les dettes mobilières de la succession, les arrérages de rentes constituées échus soit durant la garde, soit du vivant du conjoint prédécédé, les frais funéraires de ce prédécédé. C'est de ce que le gardien était obligé d'acquitter toutes ces charges qu'est venu ce brocard : Qui bail (ou garde) prend, quitte le rend.

Le gardien en était tenu *ultra vires,* sur ses propres biens.

La garde finissait :

1° Lorsque le mineur avait atteint l'âge auquel la coutume en avait fixé l'extinction. A Paris elle finissait quand le mineur avait atteint vingt ans si c'était un garçon, et quinze ans si c'était une fille. A Orléans, c'était à vingt ans et un jour pour les garçons, et pour les filles à quatorze ans et un jour.

2° Lorsque le mineur était émancipé.

3° Lorsqu'il se mariait, puisque le mariage émancipait. Dans quelques coutumes, le mariage du gardien faisait cesser la garde.

4° Lorsque le mineur ou le gardien venait à mourir.

La garde bourgeoise usitée dans la coutume de Paris ressemblait en beaucoup de points à la garde noble. Elle était accordée aux bourgeois de Paris.

Elle finissait à quatorze ans sur les garçons et à douze ans sur les filles.

DROIT FRANÇAIS.

OBSERVATION.

L'expression *puissance paternelle* s'emploie dans la langue du droit sous deux acceptions différentes. Dans un sens large et général la puissance paternelle est l'ensemble des rapports civils que la loi fait naître des qualités respectives d'ascendants et de descendants. Ainsi le consentement des ascendants au mariage d'un enfant (art. 148, 149, C. c.), le droit d'opposition au mariage conféré aux ascendants (art 173, C. c.), l'obligation réciproque entre enfants et ascendants de se fournir des aliments, les tutelles légitimes d'ascendants (art. 390, 402, 403, C. c.), etc., toutes ces dispositions constituent la puissance paternelle *lato sensu*. Dans un sens plus restreint, plus technique que le premier, la puissance paternelle est l'autorité que la loi civile accorde aux pères et mères sur leurs enfants. Dans la première acception, cette puissance est commune à tous les ascendants et descendants, si éloignés qu'ils soient; dans la seconde, elle n'appartient qu'aux pères et mères sur la personne de leurs enfants. C'est dans la seconde acception seulement que je vais l'examiner.

M. Réal disait que la puissance paternelle est un droit *fondé sur la nature* et confirmé par la loi. Je me suis déjà expliqué sur cette prétendue origine de la puissance paternelle; j'ai déjà dit que je ne croyais pas que cette institution fût de droit naturel. Notre législation est sans doute de beaucoup supérieure à celles que j'ai examinées, parce qu'elle satisfait beaucoup mieux aux exigences de la raison humaine, parce qu'elle sait mieux concilier les intérêts des parents et des enfants, la dignité de tous et la liberté de chacun ; elle est plus conforme aux principes de la vraie équité, et plus que toute autre exempte de critiques ; mais pour arriver là ce n'est pas le droit naturel que nos législateurs ont consulté, ce n'est pas la voix de la nature qu'ils ont écoutée, c'est la justice sociale, ce sont les exigences d'une civilisation plus avancée, ce sont les convenances d'une société mieux faite et plus éclairée. C'est parce qu'ils ont compris que c'était là qu'ils devaient aller chercher leurs inspirations que leur œuvre est, sinon irréprochable, au moins digne de grands éloges.

Mais aussi quelle méprise était la leur, quand, après avoir écrit l'article 371 : « *L'enfant à tout âge doit honneur et respect à ses parents,* » ils en venaient expliquer la pensée en disant qu'il contenait le principe dont tous les autres articles n'étaient que des conséquences. Quoi ! l'article 371 sera le principe d'où l'on aura conclu que « *l'enfant reste sous l'autorité des père et mère* JUSQU'A L'AGE DE DIX-HUIT ANS » (art. 372) ; que « *le* PÈRE SEUL *exerce cette autorité durant le mariage* » (art. 373) ; que « *le père pourra faire détenir son enfant par voie d'ordre s'il a moins de seize ans, et par voie de réquisition s'il a plus de seize ans, ou s'il exerce un état, ou s'il a des biens personnels* » (art. 376, 377, 382) ; que « *le père aura l'usufruit des biens de ses enfants jusqu'à leur majorité* » (art. 384) ! Évidemment rien n'est plus faux ; l'article 371 ne se rattache en rien aux dispositions de la loi civile sur la puissance paternelle, et il n'avait rien à faire dans le titre IX.

Devait-il même figurer dans un recueil de lois positives, et peut-on lui trouver dans l'application une utilité quelconque ? Sur cette question deux opinions : l'une le regarde comme une loi obligatoire dont le juge devra tirer telles conséquences que de raison, par exemple, refuser au fils le droit d'intenter contre son père une action infamante, prohiber la contrainte par corps, etc.; l'autre le considère comme un précepte de morale d'où doivent découler toutes les prescriptions de la loi sur ces matières, mais dont les juges ne doivent pas arbitrairement se servir. Cette seconde opinion est de beaucoup préférable à la première, mais je ne la crois pas assez radicale. J'ai montré par un simple rapprochement que l'article 371 n'était pas le principe de toutes les distinctions, fort délicates et fort sages d'ailleurs, que le législateur a cru devoir mettre dans ses dispositions. Je crois que l'article 371 n'est qu'une maxime de morale fort déplacée dans un texte de loi, un apophthegme familier à la plume du philosophe et qui s'est égaré sous celle du législateur, une disposition inféconde, nulle et de nulle vertu. Quant à la première opinion, elle veut que l'enfant ne puisse intenter contre son père une action infamante. Mais veut-elle donc que les actes les plus odieux soient permis aux parents quand ce sont les enfants qui en doivent être victimes? Le Code pénal n'a pas pensé qu'il en dût être ainsi, car les articles 380, 334 et 335 autorisent formellement les enfants à réclamer des réparations civiles pour vols commis par leurs parents à leur préjudice, et à implorer la protection de la justice contre les tentatives de débauche dont leurs parents se seraient rendus coupables à leur égard. Au moins, dit-elle, que la contrainte par corps ne soit pas applicable aux parents au profit des enfants. Non, elle ne le sera pas; mais la loi de 1832, qui l'a dit expressément, est venue satisfaire ses scrupules et condamner sa théorie en montrant que le texte de l'art. 371 n'était pas capable à lui seul d'engendrer une pareille conséquence.

La puissance paternelle s'exerce sur les enfants légitimes ou légitimés et sur les enfants naturels reconnus. Je m'occuperai successivement de ces deux catégories : d'abord des enfants légitimes et légitimés, puis ensuite des enfants naturels reconnus.

PUISSANCE PATERNELLE SUR LES ENFANTS LÉGITIMES.

Elle a pour objet la personne et les biens.

CHAPITRE Ier.

QUANT A LA PERSONNE DES ENFANTS.

Le législateur de 1804 ne voulait pas de la puissance paternelle des Romains, cette formidable *patria potestas* dont le caractère était si contraire à l'esprit des sociétés modernes. Pour dépouiller plus complétement leur œuvre de tout souvenir du passé, et pour rompre avec les traditions d'une façon plus éclatante, ils proscrivirent jusqu'à la dénomination de *puissance paternelle*, et se serviront toujours des mots, *aut..rité paternelle*. Ce ne peut être que par mégarde et par suite de la grande habitude que l'on avait de prononcer les mots *puissance paternelle*, que ces mots ont reparu dans la rédaction définitive à l'intitulé du titre, où ils sont comme une sorte d'anachronisme.

1° Par qui la puissance paternelle est exercée ;

2° Ses effets et les modifications qu'elle subit ;

3° Comment elle prend fin.

Tels sont les trois points qu'il faut faire connaître.

§ 1er. — Par qui la puissance paternelle est exercée.

Elle appartient conjointement au père et à la mère (art. 372) ; mais pendant le mariage, elle est exercée par le père seul (art. 373). Ce n'est que par exception et dans des cas où la loi s'en explique formellement que la mère est associée pendant le mariage à l'exercice de cette puissance. Ainsi, par exemple, l'enfant a besoin du consentement de sa mère aussi bien que de celui de son père pour se marier ; l'art. 148 l'exige formellement.

Or, si pendant le mariage le père ne peut exercer cette puissance, la mère l'exercera-t-elle, ou bien l'exercice en sera-t-il suspendu ? Proudhon enseigne que d'après les termes de l'art. 373, la mère ne pouvant exercer la puissance paternelle qu'après la mort de son mari, elle ne peut en aucun cas l'exercer tant que son mari est vivant. La plupart des jurisconsultes soutiennent au contraire, et avec raison, que l'art. 373 ne doit pas être pris dans un sens aussi littéral ; que la mère, en principe, a la puissance paternelle aussi bien que le père ; que c'est pour éviter le conflit entre deux personnes exerçant la même puissance, que la loi en a confié l'exercice au père seul pendant le mariage, et que lorsque le conflit désormais impossible n'est plus à craindre, on doit rentrer sous l'application plus générale de l'art. 372. Du reste, ajoutent-ils, l'art. 141 prouve bien que la mère peut exercer la puissance paternelle pendant le mariage, puisqu'il lui en confère expressément l'exercice en cas d'absence du mari.

Ainsi, si le père est condamné à une peine afflictive et infamante,

comme il se trouve dans l'impossibilité d'exercer la puissance paternelle, cette puissance sera exercée par la mère : de même si le père
était déchu.

M. Vazeille fait pourtant une distinction : selon lui, quand le père
est déchu de la puissance paternelle, la mère l'exercera, si toutefois
elle est séparée de corps; que si elle n'est pas séparée de corps, elle
n'exercera pas la puissance paternelle et l'enfant tombera en tutelle. Il
donne pour raison que lorsque la mère n'est pas séparée de son mari
déchu, lui confier la puissance paternelle sur son enfant, c'est livrer
véritablement cet enfant à l'autorité d'un homme que la loi a reconnu
indigne. Tandis que si la mère est séparée de son mari, elle pourra
exercer son autorité paternelle sans que le danger de l'autre hypothèse
soit à craindre. Du reste, il ajoute que si le mari déchu vient à mourir,
la femme non séparée reprend l'exercice de la puissance paternelle sur
ses enfants tombés en tutelle. Je ne puis partager cette opinion. Je ne
crois pas que l'on puisse préventivement et arbitrairement ôter à la
mère le droit de puissance paternelle qu'elle tient de la loi. La mère
exercera donc cette puissance dans toutes les hypothèses, à défaut du
mari, et les tribunaux n'auront le droit que d'en réprimer les abus s'il
s'en produit.

Que doit-on décider, si la séparation de corps a été prononcée entre
le mari et la femme? A qui les enfants seront-ils confiés? L'art. 302
ordonnait que, dans le cas de divorce, les enfants seraient confiés à
celui des époux qui avait obtenu le jugement, à moins que le tribunal,
sur la demande de la famille ou du ministère public, ne trouvât bon
de les confier à l'autre époux ou même à une tierce personne. L'article 303 ajoutait que, dans tous les cas, les époux auraient le droit de
surveiller leur entretien et qu'ils devraient y contribuer. On voit que,
ni pour l'un, ni pour l'autre époux, il n'y avait là déchéance de la
puissance paternelle ; ce qui résultait de ces articles, c'était la simple
privation de l'exercice du droit de garde et d'éducation. Quant au
droit lui-même de puissance paternelle, il continuait d'appartenir au
père. Or, faut-il appliquer ces articles à la séparation de corps? Tout
le monde en convient, mais avec plus ou moins de restrictions. Je
crois qu'il est bon de n'en faire aucune et d'appliquer les articles dans
toute leur teneur. Quand la séparation aura été prononcée au tort du

mari, la femme exercera le droit de garde et d'éducation, et le mari n'aura le droit que de dénoncer les abus, s'il en découvre. Delvincourt voudrait que la femme ne pût exercer sa puissance et faire aucun acte que du consentement du mari. Je ne puis admettre cette doctrine; d'abord, parce que ce serait mettre à l'exercice du droit de la femme un obstacle presque insurmontable, en exigeant le concours du mari qui ne serait presque jamais à proximité; ensuite, parce que, quand il en serait autrement; quand le mari serait toujours là sous la main, on ne peut pas supposer qu'il serait toujours prêt à donner complaisamment son consentement, et qu'il est bien plus probable que, sous l'influence de la mauvaise humeur et de la rancune, il refusera son consentement précisément dans les cas où il le saura plus urgent et plus nécessaire; enfin, parce que la loi, en confiant la garde des enfants à la mère qui a obtenu la séparation, témoigne qu'elle lui accorde plus de confiance qu'au père, et ne peut pas vouloir subordonner au consentement du mari qu'elle écarte les actes de la femme qu'elle lui préfère.

Bien entendu, dans tous les cas où la mère exerce l'autorité paternelle du vivant du mari, c'est avec les restrictions que la loi impose à la puissance paternelle de la veuve.

§ 2. — Effets de la puissance paternelle et modifications qu'elle subit.

La puissance paternelle consiste dans le droit d'éducation et de garde, et dans le droit de correction. Il faut ajouter aussi le droit de nommer un tuteur et le droit d'émanciper.

I. Droit d'éducation et de garde.

C'est en vue d'une bonne éducation, que le législateur a institué la puissance paternelle et qu'il en a disposé l'économie.

Or, la première condition pour qu'un père puisse diriger son enfant, c'est que celui-ci demeure auprès de lui, ou qu'il soit obligé de rester sous ses yeux dans un lieu déterminé par le père. Aussi l'article 374 dit-il : *L'enfant ne pourra quitter la maison paternelle sans la permission de son père. S'il la quitte, s'il s'éloigne du lieu où son* père l'a placé, le père a le droit de l'y faire réintégrer *manu militari;* il a le droit de le revendiquer contre des tiers qui le retiendraient de gré ou de force, même quand ces tiers seraient des créanciers du père et prétendraient retenir l'enfant jusqu'à parfait paiement et comme gage de la dette du père (1).

L'art. 374 apporte une exception à sa disposition, en faveur du service militaire. A dix-huit ans, l'enfant peut, suivant l'article, déserter la maison paternelle pour s'enrôler. Mais la loi de recrutement de 1832 recula jusqu'à l'âge de vingt ans la faculté, pour le fils, de s'engager malgré son père.

II. DROIT DE CORRECTION.

Le droit de correction dont est armée la puissance paternelle n'a point ce caractère de souveraineté et de despotisme de la *patria potestas* des Romains; il est, au contraire, borné à des limites assez étroites, et restreint encore quand les circonstances où il est exercé lui deviennent moins favorables ou offrent à la loi moins de garanties d'impartialité et de modération. Ainsi, il est plus étendu ou plus restreint, selon qu'il est exercé par le père ou par la mère, selon que l'un ou l'autre est ou n'est pas remarié, selon que l'enfant a plus ou moins de quinze ans, ou qu'il a ou n'a pas de biens personnels.

La distinction principale à laquelle je rattacherai toutes les autres, est celle que la loi fait entre le père et la mère.

ART. 1er. — *Droit de correction exercé par le père.*

Suivant l'art. 376 du Code civil, si l'enfant a moins de seize ans commencés, c'est-à-dire moins de quinze ans accomplis, le père pourra le faire détenir pendant un temps qui n'excédera pas un mois. L'ordre d'arrestation devra être demandé au président du tribunal de l'arrondissement où demeure le père, et il ne pourra être refusé. Voilà le droit de correction dans sa plus grande extension; c'est le droit de

---

(1) Un maître de pension, par exemple, ne pourrait garder l'enfant, malgré le père, jusqu'au paiement de la pension (Debelleyme, *Ord. sur req.*, t. 1, p. 417).

détention par voie d'autorité. On voit que le père seul prononce l'arrestation et que le magistrat n'intervient que pour apposer à l'ordre paternel le sceau de l'autorité publique. De ce côté, l'autorité paternelle n'est nullement limitée, mais elle l'est d'un autre côté, puisque la détention ne peut pas durer plus d'un mois. La condition essentielle pour que la détention puisse avoir lieu par voie d'autorité, c'est que l'enfant ait moins de quinze ans accomplis, parce que les actes qu'il peut commettre sont le plus souvent trop peu graves pour que le père en conçoive un ressentiment qui pourrait faire douter de sa justice. La très minime importance de la juridiction répond de l'impartialité du juge; c'est à cause de cette très minime importance que la loi fixe à un mois le maximum de la durée de la détention.

Que si l'enfant a quinze ans accomplis, le père ne pourra plus le faire détenir que par voie de réquisition. Le président du tribunal à qui le père adressera sa requête, en devra conférer avec le procureur impérial, et aura le droit de refuser l'ordre d'arrestation ou d'abréger la durée de la détention requise (art. 377). L'intervention du magistrat n'est plus ici une simple formalité; le magistrat est juge du différend entre le père et le fils; c'est à sa sagesse que la loi s'en remet et non plus à celle du père.

Mais pour que le droit de correction puisse être exercé par voie d'autorité, il ne suffit pas que l'enfant ait moins de quinze ans; il faut encore : 1° que le père ne soit pas remarié (art. 380); 2° que l'enfant n'ait pas de biens personnels (art. 382); 3° qu'il n'exerce pas un état (art. 382). Quand l'une de ces conditions manque, le père n'a plus que la voie de réquisition.

Le père qui par un second mariage perd la voie d'autorité, la recouvre-t-il quand ce second mariage vient à se dissoudre? L'affirmative se fonde sur ce motif que l'influence d'une marâtre souvent funeste aux enfants était la seule raison qui ait fait écrire la prescription de l'art. 380, et que lorsque le second mariage est dissous, cette influence n'étant plus possible, la disposition de l'art. 380 n'a plus de raison d'être. Je crois qu'il en a encore; ce n'est pas seulement l'influence de la mère que la loi redoutait, c'est aussi celle de la famille, c'est celle des enfants du second lit dont les intérêts sont opposés à ceux des enfants du premier. D'ailleurs, les termes de l'art. 380

sont généraux : Si le père est remarié....., dit-il. Donc, du jour de son second mariage, le père a été déchu de la voie d'autorité, et pour le relever de cette déchéance, il faudrait un texte exprès.

Lorsque l'enfant a des biens personnels ou un état, ai-je dit, son père ne peut plus, même quand il a moins de quinze ans, le faire détenir autrement que par voie de réquisition. Pourquoi cette faveur pour l'enfant qui a des biens personnels? Parce que, a-t-on dit, l'on aurait à craindre que le père ne vînt à demander à son enfant des sacrifices d'argent et ne se vengeât d'un refus par une incarcération arbitraire. Ce n'est pas là une raison, puisque l'enfant au-dessous de quinze ans étant complétement incapable, ne peut faire aucun acte valable en faveur de son père et n'en peut empêcher aucun. On peut dire, pour justifier cette disposition ou plutôt pour expliquer comment elle est venue à l'esprit du législateur, que l'enfant qui a des biens occupe dans la société une position qui lui attire plus de considération et de ménagement.

Quant à l'enfant qui a un état, une profession, on comprend qu'une détention est pour son crédit, pour son commerce, pour son état, d'une conséquence trop grande pour que la loi ait pu s'en fier complétement au père. L'enfant exerce un état, non pas seulement quand il est patron ou qu'il dirige pour son compte une industrie ou un commerce, mais encore quand il travaille chez un maître.

Dans tous les cas où la détention de l'enfant a lieu par voie de réquisition, peut-elle être accordée pour six mois? Ou bien ne peut-elle jamais excéder un mois quand l'enfant a moins de quinze ans accomplis? Cette dernière solution me paraît de beaucoup préférable. En effet, sur quoi est fondée, dans le système de la loi, la distinction entre les deux maximum de détention? Est-ce parce que dans le premier cas la détention est ordonnée par le père, et dans le second par le magistrat, et qu'elle a plus de confiance dans le magistrat que dans le père? Assurément non ; car si elle n'avait pas eu confiance entière dans le père comme dans le magistrat, elle ne lui aurait pas conféré le droit de détention par voie d'autorité même au maximum d'un mois. C'est uniquement parce que, aux yeux de la loi, l'enfant au-dessous de quinze ans est présumé ne devoir jamais mériter plus d'un mois de détention. Or, de ce que le père sera remarié, de ce qu'il perdra le droit de faire détenir par autorité, s'ensuivra-t-il que de ce jour-là la culpabilité possible de l'enfant doive augmenter, et que la même faute qui aurait été punie par le père d'un mois de détention au plus, puisse l'être par le magistrat d'une détention de six mois? Quant au texte de l'art. 380, il peut grammaticalement s'interpréter aussi bien dans cette opinion que dans l'autre. *Le père remarié, dit-il, sera tenu, pour faire détenir son enfant du premier lit, même âgé de moins de quinze ans, de se conformer à l'art. 377.* Et l'art. 377 dit que lorsque l'enfant aura plus de quinze ans, le père pourra seulement requérir sa détention pendant six mois au plus. Dans la première opinion on soutient que l'art. 380 renvoie à la disposition de l'art. 377 tout entière; dans la seconde, on prétend qu'il ne se réfère qu'à la première partie de cette disposition, au mode de procédure, et non au maximum fixé. Ces deux interprétations sont toutes deux fort admissibles, je le répète; mais ce qui me fait préférer la première, c'est que je la trouve plus conforme à l'esprit de la distinction que la loi a faite entre les deux maximum de détention. Au reste, cette difficulté ne présentera pas en fait beaucoup d'inconvénient, puisque la sagesse du magistrat à qui le père devra s'adresser sera toujours pour l'enfant une garantie suffisante de justice et d'impartialité.

Quand l'ordre d'arrestation est délivré, l'enfant a-t-il recours contre la décision, soit du père, soit du président du tribunal ? L'art. 382 dit que l'enfant détenu pourra adresser un mémoire au procureur général. L'enfant détenu..... donc l'enfant doit préalablement et avant toute chose obtempérer à l'ordre d'arrestation, et ce n'est que dans la prison qu'il peut recourir au procureur général. La loi n'a pas voulu que l'exercice de la puissance paternelle pût jamais donner lieu au scandale d'un procès. Si cette disposition de l'art. 382 était prise isolément, il n'y aurait point de doute que dans tous les cas et sans distinction l'enfant aurait le droit de recours contre l'ordre d'incarcération. Cela serait conforme à la raison : l'enfant qui n'a pas été appelé ni entendu, peut avoir de bonnes raisons à donner pour expliquer sa conduite. Cela serait conforme à l'esprit de notre législation, où l'appel est de droit commun, et essentiel surtout dans les questions où il s'agit de la liberté individuelle. Tout le monde serait unanime pour convenir que l'enfant a un recours dans tous les cas et dans toutes les positions, si la disposition de l'art. 382 ne se fût trouvée placée à la fin de l'article et à la suite d'une disposition relative au cas particulier où l'enfant a des biens personnels ou exerce un état. On en a conclu que la seconde disposition de l'art. 38 : faisait suite à la première, et que l'enfant n'avait de recours que lorsqu'il avait des biens personnels ou qu'il exerçait un état. On a invoqué à l'appui de cette doctrine les travaux préparatoires du Code. Mais les travaux préparatoires ne sont nullement péremptoires; ici comme presque partout ils fournissent des raisons à toutes les doctrines, de sorte que la vraie n'en peut tirer profit; et quand même ils le seraient, l'argument ne serait pas encore décisif, car pour prouver comment une loi a été entendue par ceux qui la proposent, les discussions des chambres ne prouvent presque jamais comment l'entendent ceux qui la votent. L'interprétation la plus sûre, c'est celle qui s'appuie sur le sens le plus naturel de la loi, et qui se conforme le plus à l'esprit général de la législation et aux exigences d'une saine équité. Voilà pourquoi je pense qu'il ne faut pas faire de distinction, que la disposition finale de l'art. 382 est général dans sa pensée comme dans ses termes, et qu'il ne faut point tenir compte de la place qu'elle occupe ni en tirer aucune conséquence.

Le père, lui, aura-t-il un recours contre la décision du magistrat qui refuserait sur sa requête d'accorder l'ordre d'arrestation? Je ne le crois pas, la loi ne s'en explique point : le soin même qu'elle prend à dire que l'enfant aura un recours, et le silence qu'elle garde à ce sujet relativement au père, prouvent qu'elle n'a pas entendu lui accorder ce droit. La sagesse du magistrat est souveraine; l'enfant à ses yeux ne mérite pas d'être puni; il ne le sera pas, voilà tout.

Pourtant, si la contestation entre le père et le magistrat portait non sur l'arrestation de l'enfant mais sur le droit même de puissance paternelle, par exemple si le père remarié et redevenu veuf, prétendait avoir recouvré le droit de détention par voie d'autorité, et que le magistrat fût d'un avis contraire, ce serait une simple question de droit à porter devant les tribunaux dans la forme ordinaire.

Au reste, dans toutes les hypothèses, le vœu de la loi est qu'il n'y ait ni publicité ni scandale; aussi l'art. 378 veut-il qu'il n'y ait d'autre écriture et d'autre formalité judiciaire que l'ordre même d'arrestation qui n'énoncera pas de motif. Il ne sera donc pas dressé de procès-verbal d'arrestation. Quant à l'écrou, c'est-à-dire à l'inscription du nom de l'enfant sur le registre de la prison, je crois que comme la formalité de l'écrou est indispensable à la tenue et au bon ordre d'une prison et à la responsabilité du gardien, et comme d'autre part l'art. 378 interdit toutes écritures, je crois que ce sera se conformer à l'esprit de la loi que de faire inscrire les noms des enfants sur un registre à part et non pas parmi les noms des prisonniers, dans les lieux où il n'y a pas, comme à Paris, des maisons spéciales de correction.

Le père sera tenu de souscrire une soumission de payer tous les frais, et de fournir les aliments convenables (art. 378).

Le père pourra toujours abréger la détention par lui ordonnée ou requise, et il pourra la réitérer si les écarts de l'enfant se renouvellent.

ART. 2. — *Droit de correction exercé par la mère.*

J'ai dit dans quels cas la mère exerçait la puissance paternelle. Voici sous quelles modifications elle l'exerce.

Elle ne pourra jamais faire détenir son enfant, quel que soit son âge, que par voie de réquisition, et avec le concours des deux plus proches parents paternels (art. 381). Si elle se remarie, elle perd complétement le droit de correction, c'est-à-dire qu'elle perd ce droit comme mère; mais si elle est maintenue dans la tutelle, elle l'exercera suivant les prescriptions de l'art. 468 ; que si elle n'est pas maintenue dans la tutelle, on ne peut toujours pas lui ôter la puissance paternelle dont son second mariage ne la fait pas déchoir, et elle conserve le droit d'éducation et le droit de garde. Dans ce cas, faudra-t-il lui accorder le droit de correction avec les garanties prescrites par l'art. 468, ou ne lui laisser que la garde de ses enfants et un pouvoir dénué de tout moyen de répression? C'est à ce dernier parti qu'il faut s'en tenir. L'art. 381 est trop formel pour que toute concession accordée à des considérations de fait n'en soit pas une violation flagrante. Et puis, accorder à la mère remariée la ressource de l'art. 468, même avec les garanties qu'il offre, ce serait exposer la liberté de l'enfant à l'influence peut-être funeste du second mari, qui pourrait parvenir à tromper le conseil de famille en grossissant les torts de l'enfant ; ce serait, en un mot, exposer ce dernier à une partie des dangers auxquels l'art. 381 a entendu complétement le soustraire. D'ailleurs, en fait, la mère le plus souvent ne sera pas dépourvue de toute ressource, car elle pourra prier officieusement le tuteur de surveiller la conduite de son enfant et d'agir lui-même conformément à l'art. 468, s'il en voit la nécessité.

La mère remariée et redevenue veuve ne recouvre pas plus le droit de correction par voie de réquisition, que le père remarié et redevenu veuf ne recouvre le droit de correction par voie d'autorité, par les mêmes motifs (V. p. 43).

La mère, pour exercer son droit de correction, a besoin du concours des deux plus proches parents paternels. S'il n'y a pas de proches parents, que faire? Selon plusieurs, la condition imposée par l'art. 381 étant impossible, la mère ne pourra pas exercer son droit. Cette opinion n'est pas admissible; il n'y a rien d'assez formel dans la loi pour admettre une déchéance aussi grave fondée sur un fait complétement étranger à la mère. Selon Delvincourt, la mère devra recourir à la disposition de l'art. 468. Cette seconde idée ne me semble pas plus soutenable que la première. L'art. 468 est fait pour le tuteur et non pour la mère, par conséquent la mère n'en peut jamais user qu'en qualité de tutrice. Selon d'autres, la condition de l'art. 381 étant impossible, la mère en sera affranchie et elle pourra exercer son droit sans le concours de personne. Cette troisième opinion va trop loin; si la loi a exigé le concours de deux parents du père, c'est apparemment qu'elle l'a cru utile à l'enfant, et elle n'a sans doute pas entendu qu'une difficulté d'application textuelle pût suffire pour la faire mettre de côté. L'opinion la plus raisonnable à mon avis, c'est celle qui veut que les parents paternels soient remplacés par des amis du père. C'est là une substitution très juridique dont la loi elle-même donne l'exemple dans un cas fort analogue lorsqu'il s'agit de la composition du conseil de famille.

La mère peut abréger la durée de la détention requise par elle aussi bien que le père, sans avoir besoin du concours des deux parents paternels qui ont concouru à sa réquisition.

III. DROIT DE NOMMER UN TUTEUR.

Le droit individuel de choisir un tuteur parent ou même étranger n'appartient qu'au dernier mourant des père et mère (art. 397). Il était tout naturel que la loi accordât au père ou à la mère le droit de désigner celui qui doit les remplacer ou continuer leur œuvre quand leur mort aura privé l'enfant de tout appui. Mais elle ne pouvait l'attribuer qu'au dernier mourant, car la tutelle revenant de droit au survivant, celui qui mourait le premier ne devait pas pouvoir la lui enlever. Le Code a établi des distinctions dans l'étendue de ce droit, suivant qu'il est exercé par le père ou par la mère.

Article 1er. — *Par le père.*

Outre le droit de nommer un tuteur à son enfant quand il meurt le dernier, le père a encore, lorsqu'il meurt le premier, celui de nommer à sa femme survivante un conseil sans l'avis duquel elle ne pourra faire aucun acte ou certains actes. Cette nomination ne peut être faite que par testament ou par acte authentique passé devant notaires ou devant le juge de paix assisté de son greffier.

Le père, dernier mourant, quand il n'est pas tuteur (il s'est excusé, par exemple), a-t-il le droit de nommer un tuteur à son enfant? Sur ce point trois opinions : la première enseigne l'affirmative sans distinction et absolument ; la seconde distingue : si à la mort du père la tutelle se trouve vacante, la nomination faite par le père sera mise à exécution ; si elle ne l'est pas, la nomination sera nulle ; la troisième enfin refuse absolument et sans distinction au père non tuteur le droit de nommer un tuteur. C'est ce dernier sentiment qui me paraît le meilleur. Je crois que le père qui, pour une cause quelconque, si juridique et si légale qu'on la suppose, s'est déchargé de la tutelle de son enfant, est moralement aussi bien que juridiquement déchu du droit de désigner celui qui à sa mort devra la continuer.

Après cette solution, mon opinion ne peut pas être douteuse sur le point de savoir si le père excusé de la tutelle (je ne dis pas exclu ou destitué, parce que alors le doute ne serait plus possible) peut nommer un tuteur pour le remplacer de son vivant. Non, il ne le peut pas. Outre la raison que j'ai donnée à la solution de la question précédente, il y a ici cet argument de texte tiré de l'art. 397, qui accorde le droit de nommer un tuteur non pas au survivant, mais bien au dernier mourant des père et mère, expression qui implique bien dans la loi la pensée que le tuteur soit nommé pour entrer en fonctions seulement au décès de celui qui le nomme.

ARTICLE 2. — *Par la mère.*

La mère remariée ne perd pas, par le fait de son second mariage, le droit de nommer un tuteur à ses enfants du premier lit ; mais il faut qu'elle ait été maintenue dans la tutelle, et encore, dans ce cas, son droit n'est plus aussi étendu qu'avant ; la loi, qui redoute toujours l'influence du second mari, exige que le choix du tuteur soit confirmé par le conseil de famille (art. 399).

La mère qui n'est pas tutrice a-t-elle le droit de nommer un tuteur pour le temps de son décès ? La mère qui refuse la tutelle a-t-elle le droit de nommer le tuteur qui doit la remplacer de son vivant ? J'ai répondu négativement à ces questions à propos du père. Par les mêmes raisons, il faut répondre négativement à l'égard de la mère. Il est vrai que l'art. 399 porte une disposition expresse pour dire que la mère remariée, et non maintenue dans la tutelle, n'aura pas le droit de nommer un tuteur, ce qui semble impliquer que lorsque la mère n'est pas remariée, bien qu'elle ne soit pas tutrice, elle devra jouir d'un droit que la loi ne lui retire que dans le cas, beaucoup plus défavorable en effet, d'une perte de tutelle par suite d'un second mariage. Néanmoins je crois que la loi n'a fait qu'énoncer ici une conséquence plus frappante d'un principe dont j'ai donné plus haut le motif, et que jamais la mère non tutrice n'aura le droit de nommer un tuteur.

Quand la mère remariée, qui avait conservé le droit de nommer un tuteur, est redevenue veuve, son choix est-il encore soumis à l'approbation du conseil de famille ? Je le crois : je ne distinguerais même pas suivant que l'acte de nomination serait antérieur ou postérieur au décès du second mari. On peut dire que cependant, dans ce dernier cas, l'influence du second mari ne serait plus à craindre ; cela est vrai, mais il y a à craindre encore l'influence des enfants qu'il a laissés ; et s'il n'en a pas eu, l'influence des relations nouvelles et des nouvelles affections que cette seconde union a fait naître.

IV. Droit d'émancipation.

Le père, à défaut du père la mère, a le droit d'émanciper son enfant par une déclaration faite devant le juge de paix assisté de son greffier (art. 477).

La mère le pourra dans tous les cas où son mari se trouvera dans l'impossibilité physique de le faire. Pour le cas d'absence du mari, cela est certain (art. 141) ; pourquoi ne le pourrait-elle pas en cas d'interdiction ou de déchéance ?

§ 3. — Comment la puissance paternelle prend fin.

Outre la mort des enfants et celle des père et mère, qui font naturellement évanouir la puissance paternelle, il y a dans l'ordre civil d'autres causes qui y mettent fin. Ce sont : la majorité des enfants, leur émancipation, la déchéance des père et mère.

I. La majorité.

« *Il* (l'enfant) *reste sous leur autorité jusqu'à sa majorité...* » (article 372). A vingt-un ans donc, l'enfant est de plein droit affranchi de la puissance paternelle. Cette puissance, toute de bienveillante protection, ne devait pas durer plus longtemps que la protection n'était nécessaire. Que ce soit à tort ou à raison que la loi ait fixé à vingt-un ans l'âge où l'enfant est majeur et capable de se conduire, puisqu'elle en décidait ainsi, elle devait, au même moment, faire tomber la puissance paternelle. L'enfant se trouve alors complétement libre d'agir, sauf dans deux cas plus graves que les autres, dans lesquels la pleine capacité se trouve reculée jusqu'à vingt-cinq ans.

II. L'émancipation.

« *Il* (l'enfant) *reste sous leur autorité jusqu'à.....* son *émancipation* (art. 372). » L'enfant émancipé est celui qui, jugé plus précoce que ne le comporte son âge, est, avant sa majorité, abandonné ou plutôt confié à sa propre inspiration.

La capacité de l'enfant émancipé n'est pas aussi complète que celle du majeur, mais ce qu'il nous importe de remarquer, c'est qu'elle met fin à la puissance paternelle.

II. LA DÉCHÉANCE DES PÈRE ET MÈRE.

L'art. 335 du Code pénal *in fine* s'exprime ainsi: *Si le délit (de prostitution ou de corruption) a été commis par le père ou la mère, le coupable sera, de plus, privé des droits et avantages à lui accordés sur la personne et les biens de l'enfant par le Code civil, livre I*er*, titre IX, de la puissance paternelle.*

Voilà le seul texte qui prononce formellement la déchéance de la puissance paternelle. Ce texte est, sans doute, bien laconique et bien insuffisant, et l'on désirerait quelque chose de plus complet et de plus explicite. Aussi donne-t-il lieu à plus d'une difficulté.

..... *Le coupable sera privé des droits et avantages à lui accordés sur la personne de l'*ENFANT*.....* Soit; mais si le coupable a plusieurs enfants, sera-t-il déchu de la puissance paternelle sur tous, ou sur celui seulement qui a été sa victime?

Une disposition pénale ne doit pas être étendue au-delà de ses termes; elle doit, au contraire, y être strictement renfermée. Donc, puisque la loi ne parle que de *l'enfant* et non pas *des enfants*, il faut bien, quoi qu'il en puisse coûter, avouer que la déchéance n'aura lieu qu'à l'égard de l'enfant qui a été victime.

..... *Sera privé des droits et avantages à lui accordés sur la personne et les biens de l'enfant, par le Code civil, livre 1*er*, titre IX, de la puissance paternelle.* Pour le droit d'éducation et de correction, pour le droit d'usufruit, point de difficulté; ils sont conférés par le Code civil, livre 1er, titre IX, de la *puissance paternelle;* la déchéance à leur égard est donc formelle. Mais le droit d'administration légale (art. 389), le droit d'émancipation (art. 477), qui ne sont point conférés par le titre IX, qu'en faut-il faire? Les laissera-t-on au père déchu de la puissance paternelle? On répugne à dire oui, et pourtant il le faut bien, puisque l'art. 335 n'y fait pas allusion, et qu'il n'est pas permis d'en étendre la disposition.

Voilà pour les hypothèses que l'art. 335 a prévus. Mais pour celles bien plus nombreuses dont il ne parle pas, et dont la loi ne parle nulle part, que faudra-t-il décider? Ainsi, c'est un père qui manque à toutes ses obligations de père; il maltraite son enfant, il le frappe et le blesse, ou bien il lui donne le spectacle de la plus profonde immoralité, ou bien il lui refuse l'éducation à laquelle sa fortune, sa position, son intelligence lui donnent droit. Faudra-t-il laisser l'enfant à la merci de son père? Évidemment non. Faudra-t-il l'arracher de ses mains? Mais l'art. 335 est muet, et nul texte de loi n'y autorise.

Comment faire? Que répondre à celui qui viendra dire : la puissance paternelle est un droit que les père et mère tiennent de la loi, et que nul autre que la loi ne peut leur enlever; donc en dehors des cas prévus par l'art. 335, Code pénal, le seul qui en prononce la déchéance, cette puissance ne peut leur être enlevée.

Je crois qu'on peut répondre, et qu'il y a moyen d'arriver légalement à la solution que commande le bon sens le plus élémentaire.

Voici ce que dit l'art. 4 du Code civil : *Le juge qui refusera de juger sous prétexte du* SILENCE, *de l'obscurité ou de l'*INSUFFISANCE *de la loi, pourra être poursuivi comme coupable de déni de justice.*

Qu'on applique cet article à la question proposée. Y a-t-il *silence* complet de la loi, non pas tel que la matière même de la puissance paternelle soit totalement étrangère à notre législation, mais tel au moins qu'il soit clair pour tous que le législateur n'a pas statué sur un point où il aurait dû nécessairement le faire (et cela suffit)? — Évidemment oui.

Le juge à qui on déférerait des faits de la nature de ceux que j'ai indiqués pourrait-il, en bonne foi, s'abstenir d'y mettre ordre autrement qu'en se retranchant derrière le silence de la loi? — Certainement non.

Et, dans ce cas, ne tomberait-il pas sous l'application de l'art. 4 du Code civil? — Sans aucun doute.

Il devra donc juger? — Oui.

Comment jugera-t-il? — Selon sa conscience et selon l'équité.

Voilà la difficulté résolue.

Ainsi, en règle générale, les tribunaux ne pourront jamais enlever la puissance paternelle au père ou à la mère qui tiennent leur droit de la loi, mais ils pourront certainement en réprimer les excès en enlevant au père ou à la mère l'exercice de tel attribut, de tel droit dont il abuse.

C'est ainsi que, comme je l'ai dit plus haut, par application des art. 302 et 303 à la séparation de corps, la puissance paternelle continue toujours d'appartenir au père, mais que l'exercice du droit de garde et d'éducation peut lui être enlevé pour être confié à la mère ou à une tierce personne.

Donc les tribunaux pourront et devront, en vertu de leur pouvoir discrétionnaire, lorsque des abus leur seront signalés, ôter au père ou à la mère l'exercice du droit dont on abuse. Ce sera le droit d'éducation, si l'enfant est négligé et mal soigné; ce sera le droit de correction, si le père est manifestement trop sévère et si ses réquisitions ou même ses ordres pour faire détenir l'enfant sont évidemment déraisonnables; ce sera le droit d'émancipation, si le père a voulu conférer à son enfant une émancipation prématurée et funeste.

Mais qui provoquera ces mesures judiciaires? Le tuteur ou le subrogé-tuteur s'il en existe, le conjoint si le mariage dure encore, l'enfant lui-même s'il a assez de discernement pour comprendre ses intérêts, les parents de l'enfant. Le ministère public pourrait peut-être même agir d'office, car ces questions touchent véritablement à l'ordre public.

CHAPITRE III.

QUANT AUX BIENS DES ENFANTS.

Les droits attachés à la puissance paternelle sur les biens des enfants sont : 1° l'administration légale; 2° l'usufruit.

§ I. — L'administration légale.

I. A QUI ELLE APPARTIENT.

Ce droit d'administration légale a cela de particulier qu'en règle générale il n'appartient qu'au père. Il peut pourtant quelquefois appartenir à la mère. L'art. 141 nous en donne un exemple pour le cas de disparition du père. Mais il n'appartient jamais à la mère survivante.

Le père est, durant le mariage, administrateur des biens de ses enfants, dit l'art. 389.

Administrateur, c'est-à-dire administrateur comme chef, comme père de famille, administrateur à raison de sa puissance paternelle, administrateur légal en un mot, placé par la loi dans une position toute spéciale et toute exceptionnelle. J'insiste sur ce point, parce qu'il n'a pas été accepté par tout le monde. On a prétendu que l'art. 389 avait été placé à dessein dans le titre de la tutelle, et non dans celui de la puissance paternelle, que le législateur a voulu indiquer par là que dans sa pensée les règles de l'administration du tuteur devaient être appliquées au père administrateur pendant le mariage; que s'il n'en était pas ainsi on ne comprendrait pas le laconisme de la loi qui, lorsqu'il s'agit de l'administration des biens d'une personne par un comptable, a toujours bien soin d'indiquer l'étendue et les limites des pouvoirs du mandataire, et qui, sur ceux du père administrateur, se serait bornée au plus simple énoncé sans ajouter la moindre réglementation. Et l'on en a conclu que l'administration légale du père devait subir toutes les règles de la tutelle, et qu'on lui en devait appliquer toutes les garanties et toutes les précautions.

Cette doctrine n'était pas exacte. Dans l'ancien droit la tutelle n'était jamais confondue avec l'administration légale du père, et les rédacteurs du Code ont certainement voulu reproduire cette tradition. Ils s'en sont assez formellement expliqués pour qu'on n'ait pas le moindre doute à cet égard. Aussi convient-on généralement aujourd'hui que l'administration légale du père n'est pas une tutelle, que c'est un pouvoir plus étendu donné au père sur les biens de ses enfants, et qu'on ne peut lui imposer toutes les précautions dont on entoure la tutelle.

II. Son étendue et ses effets.

Ainsi, point d'hypothèque légale, les art. 2121, 2135, 2194, n'y soumettant d'ailleurs que les biens du tuteur et non ceux du père administrateur; point de subrogé-tuteur, puisqu'il n'y a pas de tuteur; point de conseil de famille. Le père administrera les biens, passera les baux, paiera les dettes, donnera décharge aux débiteurs, intentera les actions et y défendra, etc.

Mais enfin quelle sera l'étendue des pouvoirs du père, et quelles en seront les limites? Il ne faudra borner les pouvoirs du père que là où la raison y mettra elle-même des bornes. Ainsi, il est évident que le père ne pourra pas donner les biens du mineur soit entre-vifs, soit par testament; il ne pourra pas faire un compromis; il ne pourra acheter les biens de son enfant. Ce sont là des règles de sens commun.

III. Comment elle prend fin.

L'administration légale étant un attribut de la puissance paternelle ne peut pas en principe être enlevée au père par les tribunaux : ainsi l'art. 444 C. civ. ne lui est pas applicable. Mais il faut appliquer ici ce que j'ai dit pour la garde et l'éducation des enfants : si le père abuse de ses pouvoirs, s'il est d'une inconduite notoire, si sa gestion attestait son infidélité ou son incapacité (art. 444), ou si, de tout autre manière, les droits de l'enfant étaient mis en péril, le tribunal à qui les faits seraient signalés devrait y mettre ordre en enlevant au père l'exercice du droit dont il abuse, ou, s'il y a moyen, en prenant des précautions pour que l'abus ne puisse plus se produire. Mais ce ne serait pas en vertu de l'art. 444 qui, je le répète, est complétement inapplicable; ce serait en vertu de la théorie que j'ai indiquée plus haut sur le pouvoir discrétionnaire des tribunaux dans la matière de la puissance paternelle (*V*. p. 53).

L'administration légale finit au plus tard avec la puissance paternelle, à la majorité ou à l'émancipation de l'enfant. Mais elle peut finir plus tôt, puisque l'art. 389 ne l'accorde au père que durant le mariage. Ainsi, à la mort de l'un des époux, l'administration légale prend fin et la tutelle commence.

Peut-on donner ou léguer des biens à un enfant sous la condition que le père n'en aura pas l'administration? C'est un point sur lequel tout le monde n'est pas d'accord. Dans une opinion on enseigne que cette condition est toujours et sans distinction nulle et de nul effet, et réputée non écrite. Cette condition, dit-on, porte atteinte à la puissance paternelle telle qu'elle a été instituée, et cette institution n'est pas à la merci des caprices qui dictent des actes ou des contrats privés ; l'art. 1388 du Code civil déclare qu'on n'y pourra en rien déroger, et s'il n'est pas permis d'y porter atteinte dans un contrat de mariage, qui est le contrat le plus favorisé par la loi, *a fortiori* ne le doit-on pas souffrir dans un contrat ordinaire. La loi, ajoute-t-on, semble bien indiquer dans l'art. 387 que telle est sa pensée, car elle prend soin, dans cet article, de dire expressément qu'on pourra léguer ou donner sous la condition que le père n'aura pas l'usufruit, ce qui n'eût pas eu besoin d'être dit si cela eût été de soi ; et comme elle ne dit rien de semblable pour l'administration légale, il en faut conclure que cette administration ne peut pas être ôtée au père comme l'usufruit. Et cette pensée de la loi est très rationnelle et très sage : la loi ne devait pas permettre qu'un simple acte privé pût librement diminuer l'autorité paternelle et la restreindre, quand c'est avec grande réserve que les tribunaux eux-mêmes devront user de leur pouvoir discrétionnaire pour en réprimer les abus. Une seconde opinion, sans s'attacher aux principes ni aux théories, discute la question au point de vue pratique et la place tout entière dans le domaine des faits. Frappée des inconvénients nombreux que présente dans l'application la première opinion, elle admet que la condition devra, dans certains cas, être valable. Il peut arriver, dit-elle, que le père soit un dissipateur, un administrateur inhabile, inexpérimenté ou infidèle, et que le donateur ou testateur, qui le savait, ait agi avec trop de prudence et de sagesse en lui enlevant l'administration légale pour qu'on puisse en rien critiquer sa défiance et ses précautions. On ne saurait admettre, dans ce cas, que la loi voulût annuler une disposition si salutaire aux intérêts des enfants. Aux considérations que les partisans du premier système font valoir, elle répond : que dans les cas où elle admet la validité de la clause, lorsqu'il y a inhabileté ou infidélité du père, le tribunal ôterait l'administration des biens au père, s'il l'avait conservée, et que, par conséquent, en validant la clause de prohibition d'administration, elle ne fait que devancer et prévenir un jugement du tribunal, et en éviter tout le scandale à la puissance paternelle ; que, dans ces mêmes cas, il est impossible, en bonne foi, de considérer comme contraire à aucune

loi une clause si utile aux intérêts de l'enfant que partout la loi pro-
tége; que prononcer la nullité d'une telle clause, c'est établir une jurisprudence en tous points funeste à la fortune de l'enfant; funeste en
ce que le père dissipateur pourra dissiper une partie des libéralités
faites à son enfant avant que les tribunaux aient pris des mesures conservatoires, et funeste en ce que les testateurs, ne pouvant plus ôter
l'administration légale au père dissipateur, s'abstiendront de faire à
l'enfant des libéralités dont il ne profiterait pas; enfin, que la disposition de l'art. 387 n'est pas une exception que la loi avait besoin d'é-
crire, mais plutôt un exemple dont il est permis de s'autoriser et qui
justifie toutes les conditions pareilles bien loin de les exclure. Pourtant
elle fait ses réserves, et elle convient que si la condition a été mise par
le testateur dans une intention mauvaise, dans un esprit de vengeance
ou de haine par exemple; alors elle ne lui trouverait plus les caractères
de moralité qui la faisaient respecter tout à l'heure, et, d'accord avec
la première opinion, elle en prononce la nullité. Ni l'une ni l'autre de
ces deux opinions ne me paraît exacte. Et d'abord la seconde n'est
point soutenable. Une condition ne peut pas être contraire ou conforme aux bonnes mœurs suivant l'intention de celui qui l'a imposée;
elle n'est point à tour de rôle immorale ou juridique : elle est toujours
en soi l'un ou l'autre, parce que sa moralité est une qualité intrin-
sèque; et je ne comprends pas qu'on puisse jamais faire à une condition quelconque un mérite ou un crime de l'intention qui l'a dictée.
Que le testateur ait agi par dévouement ou par haine, par bonté ou
par malice, peu importe; là n'est pas la question. La question est de
savoir si le testateur était en droit de faire ce qu'il a fait, si une loi
quelconque le lui défendait. Or, reproche-t-on à la clause de porter
atteinte à la puissance paternelle, d'en diminuer le prestige et l'autorité? Nullement. Lui reproche-t-on d'être contraire à l'esprit de l'article 387 dont la disposition serait exclusive de toute analogie? Pas
davantage. Donc la clause doit être valable toujours et sans distinction, et la distinction que fait la seconde opinion est complétement arbitraire et inadmissible.

La première opinion est plus logique, mais je ne la crois pas plus
vraie. L'application en serait des plus désastreuses et des plus funestes
à la fortune de l'enfant donataire dans le cas où le père serait un dissi-

pateur; et quand même le père serait recommandable sous tous les rapports, empêcher un donateur de lui enlever l'administration légale des biens qu'il donne, même par haine ou par malice, c'est en réalité le déterminer à ne point faire de donation du tout. Quant à l'immoralité de la clause, je n'y ai nullement foi; je crois que c'est se méprendre singulièrement sur la portée de l'administration légale que de la considérer comme un avantage attaché à la puissance paternelle ; c'est tout simplement une mesure de nécessité : un enfant a des biens, il ne peut les administrer lui-même, il n'a point de tuteur qui les administre pour lui ; eh bien, son père en sera chargé. Voilà, j'en suis convaincu, le raisonnement qui a produit l'art. 389. En dehors donc de la nécessité qui l'a fait établir, l'administration légale n'a plus de raison d'être, et quand il y a un administrateur tout trouvé, il serait vraiment étrange de recourir à l'expédient de l'administrateur légal. Par ces motifs, je crois que toujours et dans tous les cas la condition qui ôte au père l'administration des biens donnés est complétement juridique et parfaitement valable.

§ 2. — L'usufruitier.

L'usufruit paternel établi par le Code civil procède des traditions du droit romain et surtout de celles du droit coutumier, mais il ne ressemble véritablement ni à l'un ni à l'autre de ses modèles.

J'avoue que l'usufruit paternel ne me paraît pas bien solidement fondé en raison. Je n'approuve pas plus l'idée de cette jouissance du père sur les biens des enfants, que celle de la réserve des enfants sur les biens du père. L'une et l'autre sont de malheureux souvenirs. Et pour ne parler ici que de l'usufruit légal, qu'on pèse les raisons avec lesquelles on le justifie, et l'on verra combien elles sont légères. C'est d'abord, dit-on, pour éviter le plus possible les comptes compliqués de revenus entre le père et l'enfant. La raison est curieuse, et il faut n'en avoir guère à donner pour risquer celle-là. Quoi ! pour éviter les comptes entre un débiteur et un créancier, vous remettez la dette au débiteur et vous dépouillez le créancier? Le moyen est expéditif sans doute, et souverain, mais je doute que l'équité s'en tienne pour satisfaite. C'est aussi, dit-on encore, pour récompenser les parents des soins, des dépenses, des peines que les enfants leur coûtent. Cette raison n'est pas meilleure que la première. Pour ce qui est des dépenses que l'entretien des enfants nécessite, qu'on en prenne le montant sur les revenus de leurs biens, rien de mieux ; mais aller plus loin et attribuer le reste au père, c'est une spoliation, parce que le père n'y a aucun droit ni aucun titre. Mais les soins, les peines, les ennuis? est-ce que cela ne mérite point d'indemnité? Non : les père et mère en se mariant ont contracté l'obligation de soigner leurs enfants et de les élever (art. 203, C. civ.) ; ils n'ont fait que remplir leur obligation, en supportant ces peines et ces ennuis, et on ne leur en doit aucune indemnité et aucune récompense. La loi elle-même sait bien appliquer ces idées à la tutelle, où cependant l'application en pourrait souffrir plus de difficulté. Elle n'accorde pas au tuteur l'usufruit des biens du pupille, et cependant il est comme le père et la mère chargé de soigner la personne du pupille, de l'entretenir et de s'en occuper ; et, en outre, il n'a pas contracté comme les père et mère en se mariant l'obligation de fournir tant de soins et de supporter tant d'embarras ; et son pupille lui est peut-être complétement étranger, il n'a point pour le soutenir et l'encourager l'affection du père ; il n'a pas même l'intérêt qu'a le père à bien diriger celui qui porte son nom et qui doit recueillir un jour sa fortune. Si le père avec son usufruit paternel n'a que ce qu'il mérite, le tuteur n'est donc pas indemnisé? Si le tuteur ne souffre pas de dommage, le père est donc plus favorisé qu'il ne devrait? D'un côté ou de l'autre il faut qu'il y ait une injustice. L'injustice est du côté de l'usufruit paternel. Les soins qu'exige l'éducation d'un enfant ne se paient pas. La société doit protection aux enfants qui ne peuvent se suffire, et ceux dont elle se sert pour cette mission doivent en supporter gratuitement tous les ennuis sans avoir le droit d'en demander jamais compte aux enfants qui en ont profité et qui sont exposés eux-mêmes à donner un jour à d'autres la protection qu'ils ont reçue.

La raison véritable qui a fait passer dans nos lois l'usufruit paternel, c'est l'influence des traditions. Notre usufruit paternel n'est qu'une fausse application des principes du droit romain et du droit coutumier à un état de choses tout différent et à une législation qui leur était complétement antipathique.

A Rome, je comprends bien l'usufruit du père sur le pécule adventice ; c'était un bienfait plutôt qu'une rigueur, car c'était moins l'attribution au père d'une jouissance qui ne lui appartenait pas que l'attribution à l'enfant d'une nue propropriété à laquelle jadis il n'avait pas droit.

Dans les pays de coutume, je comprends encore le droit de garde, du moins dans son origine. Ce droit de garde avait une origine toute féodale. L'usufruit des biens du mineur accordé au gardien était la juste indemnité du service militaire que le gardien payait pour le mineur ; puis le service militaire finit par n'être plus dû, et le droit de garde ne s'en perpétua pas moins, et devint un abus, une conséquence sans principe, un salaire sans travail.

Telles sont les institutions que le législateur de 1804 a introduites dans notre droit, sans songer que les causes qui les avaient amenées ou qui les justifiaient n'existaient plus, et les laissaient désormais dénuées de toute excuse et de toute raison

J'examinerai, dans cette matière de l'usufruit paternel :

A qui il appartient ;

Quels sont ses effets ;

Comment il prend fin.

I. A QUI L'USUFRUIT PATERNEL APPARTIENT.

Article 384 : « *Le père, durant le mariage, et, après la dissolution du mariage, le survivant des père et mère, auront la jouissance des biens de leurs enfants, jusqu'à l'âge de dix-huit ans accomplis, ou jusqu'à l'émancipation qui pourrait avoir lieu avant l'âge de dix-huit ans.* »

Le père, durant le mariage..... Si, pendant le mariage, le père est dans l'impossibilité d'exercer la puissance paternelle, à qui appartiendra l'usufruit ? Au père qui n'exerce pas cette puissance, ou à la mère à qui en est passé l'exercice ? On a soutenu que l'usufruit passait à la mère, parce que la mère, ayant les charges, devait avoir l'indemnité ; parce que l'art. 384, dont le texte pris isolément repousse cette solution, est rédigé néanmoins comme l'art. 373 et comme l'art. 389 qu'on ne fait point difficulté cependant d'interpréter de telle sorte qu'en cas d'incapacité du mari, l'exercice de la puissance paternelle et l'administration légale passent à la mère. — Je ne crois pas cette opinion exacte. D'abord, l'art. 373 a une portée bien moindre que l'art. 384. En effet, il ne règle que l'exercice d'un droit que l'art. 372 confère collectivement au père et à la mère; l'art. 384, lui, confère le droit même d'usufruit; et à qui le confère-t-il? Au père, durant le mariage, et, après la dissolution du mariage, au survivant des père et mère. Je comprends donc bien qu'on interprète l'art. 373 d'une manière un peu large, sans tenir trop de compte de son texte, parce que, rapproché de l'article précédent, il se prête et s'accommode parfaitement à cette interprétation; mais, pour l'art. 384, en peut-il être de même? Évidemment non. Il n'existe point d'article dont on puisse le rapprocher et auquel il se rattache. Il faut donc s'en tenir à son texte et ne pas l'élargir, d'autant moins que l'établissement d'un usufruit légal est chose fort grave, tout exceptionnelle, et que ce n'est qu'à bonne enseigne qu'il faut l'admettre. Eh bien, la mère n'est usufruitière qu'après la dissolution du mariage; donc elle n'a aucun titre à invoquer tant que le mariage dure. Invoquera-t-elle les motifs qui ont dicté l'art. 384 ? Dira-t-elle que puisqu'elle a les charges, elle doit avoir l'indemnité? Eh ! mon Dieu, on a pu voir combien ces motifs sont de peu de valeur, et la cause qui n'a qu'eux pour prévaloir doit succomber. Mais enfin, dira-t-elle, bons ou mauvais en soi, ces motifs ont été trouvés suffisants par le législateur pour établir l'usufruit au profit du père. Soit; mais comme le législateur n'a cru devoir le conférer à la mère qu'après la dissolution du mariage, qu'il ait tort ou qu'il ait raison, il faut lui obéir. Et puis, que l'on remarque que, pour transporter l'usufruit légal à la mère, tant que le père vit, il faudrait l'enlever au père ; ce serait une déchéance fort grave que la loi n'a pas prononcée et qu'il n'est permis à personne de créer de son autorité privée.— Quant à l'argument tiré de ce que le texte de l'art. 389 se refusant aussi bien à la translation à la mère de l'administration légale que celui de l'art. 384 à la translation de l'usufruit, on convient néanmoins que, dans le cas où le mari ne pourrait administrer les biens des enfants, la femme devrait les administrer à sa place, il est facile d'y répondre en faisant observer d'abord que l'art. 141, C. Napoléon, offre, pour le cas d'absence du mari, un exemple que cette translation d'administration légale est possible juridiquement, et qu'il n'est pas contraire à l'esprit de la loi de l'opérer et de l'admettre dans des cas entièrement analogues; ensuite, en faisant remarquer que l'administration

légale est bien moins défavorable aux yeux de la loi, bien moins préjudiciable aux intérêts des mineurs, dont la fortune, au contraire, s'en
trouve mieux soignée, que l'usufruit qui est exclusivement profitable
aux parents et totalement préjudiciable à la fortune des enfants.—
Je conclus de toutes ces observations que jamais la mère n'aura l'usufruit légal du vivant de son mari.

Je dis du vivant de son mari. Ainsi, dans le cas même où le mari
serait déchu de sa puissance paternelle par application de l'art. 335 du
Code pénal, la femme n'aurait point encore l'usufruit légal, tant que
son mari vivrait. Dans cette hypothèse, sans doute, il n'y aurait point,
en transportant l'usufruit à la femme, l'inconvénient grave d'en priver le mari, puisque dans l'hypothèse le mari est déjà déchu. Mais le
texte de l'art. 384 est formel : la femme n'a droit à l'usufruit des biens
de ses enfants qu'à la dissolution de son mariage. Le mariage n'est
pas dissous, donc la mère n'est pas usufruitière. On peut ajouter que
si l'on transportait dans ce cas à la mère l'usufruit des biens de ses
enfants, le mari en profiterait indirectement, puisque les revenus tom-
beraient dans la communauté, que le mari les administrerait comme
valeur de communauté et qu'il en aurait sa part comme copropriétaire
de la communauté ; que quand même il n'y aurait point communauté
le mari en profiterait encore puisqu'il vit avec sa femme , que le bien-
être de l'un est partagé nécessairement par l'autre , et que la loi n'a
pas dû vouloir que le père recouvrât par une voie détournée tout ou
partie des avantages de l'usufruit dont elle l'avait privé totalement.

Il y a plus. Dans le cas où le divorce aurait été prononcé (dans le
temps où il était en vigueur) au tort du mari , je crois que la solution
devait encore être la même et qu'il fallait encore décider que la mère
n'avait point l'usufruit légal tant que son mari vivait. Il y avait sans
doute plus de difficulté à le décider ainsi dans cette hypothèse que dans
toutes autres, et l'on pouvait croire que toutes les exigences de la loi
étaient satisfaites. En effet, le mariage n'existait plus, et sa dissolution,
condition préalable pour que la mère pût être usufruitière, était réali-
sée; en outre, le mari était déchu de l'usufruit (art. 386), et par conséquent l'attribution à la mère de cet usufruit ne pouvait présenter l'inconvénient d'une déchéance au préjudice du père ; enfin, la mère ne
vivant plus avec son mari et n'ayant plus avec lui aucune communauté

d'intérêt, il n'y avait pas à craindre que le mari profitât indirectement des avantages dont l'art. 386 l'avait privé. Je crois pourtant que la solution que j'ai donnée n'est pas moins certaine pour ce cas que pour tous les autres. En effet, l'art. 384 dit : le père, durant le mariage, et après la dissolution du mariage, le *survivant* des père et mère, auront... etc. Le *survivant* des père et mère, ce qui implique bien manifestement que lorsque la loi a fixé l'ouverture de l'usufruit de la mère à l'époque de la dissolution du mariage, elle ne voulait parler que de la dissolution opérée par la mort du mari. Sans doute cette solution est rigoureuse, mais j'avoue que je ne regrette nullement sa rigueur ; l'usufruit paternel n'est pas si favorable qu'on doive avoir pour lui beaucoup de ménagements.

Dans le cas de séparation de corps il ne peut pas y avoir de difficulté nouvelle. Le mari n'est pas déchu de la puissance paternelle ni de l'usufruit ; et quand même l'exercice de la première passerait à la mère, le second continuerait à lui appartenir, comme je l'ai indiqué tout à l'heure.

Au reste, dans tous les cas où l'usufruit du mari s'éteint avant sa mort, par déchéance ou par suite de divorce, l'usufruit qui s'est éteint au profit des enfants renaîtra au profit de la mère au moment où son mari mourra, si ses enfants sont encore mineurs.

L'usufruit est déféré de plein droit sans qu'il soit besoin d'en faire une acceptation expresse. Mais le père ou la mère peut y renoncer, et alors il faut que l'intention en soit bien manifestement exprimée. Elle pourra l'être valablement, selon les auteurs, par un acte passé devant un notaire ou devant un conseil de famille.

En cas que le mari renonce à l'usufruit, la femme ne pourra en jouir qu'après la mort du mari, conformément à ce que j'ai dit plus haut, que la femme n'était jamais usufruitière légale qu'après la dissolution du mariage arrivée par la mort de son mari.

Peut-on, par contrat de mariage, renoncer à l'usufruit des biens des enfants à naître du mariage ? Pour soutenir qu'on ne le peut pas, on prétend que l'art. 1388 s'y oppose. L'art. 1388 est ainsi conçu : *Les époux ne peuvent déroger ni aux droits de la puissance maritale sur la personne de la femme et des enfants ou qui appartiennent au mari comme chef, ni aux droits conférés au survivant des époux par le titre de la puissance paternelle, et par le titre de la minorité, de la tutelle et de l'émancipation, ni aux dispositions prohibitives du présent Code.* Vous voyez, dit-on, que cet article est assez explicite. Il prohibe bien les renonciations dont il s'agit, il les prohibe surtout dans sa seconde partie, quand il défend de déroger aux droits conférés aux survivants des deux époux par le titre de la puissance paternelle. L'usufruit légal est un droit déféré au survivant des deux époux, donc on n'y peut pas déroger à l'avance, et dès lors on ne comprendrait pas que l'on pût déroger plutôt à l'usufruit dont jouit le père pendant le mariage. Je ne puis me ranger à cet avis. Je vois clairement, dans l'art. 1388, que l'on ne peut déroger aux droits sur la *personne* des enfants exercés par le mari pendant le mariage, ni aux droits sur la *personne* des enfants conférés au survivant après sa dissolution, mais je ne vois pas autre chose. Ne faut-il pas convenir, en effet, que par l'économie de l'article 1388, la seconde partie ne doit pas être isolée de la première, mais qu'elle doit au contraire en être rapprochée et qu'elle s'explique par elle, qu'elle y fait suite et continue sa pensée, et que si dans la première partie l'art. 1388 ne s'est occupé et n'a parlé que des droits sur la personne des enfants, dans la seconde il n'a pas pu s'occuper de droits autres et d'une autre nature que ceux-là? Aussi, que l'on compare le texte de cet article avec celui d'un article où la loi veut désigner les droits du père ou de la mère sur les biens des enfants et le droit d'usufruit en particulier; qu'on lise l'art. 335 du Code pénal *in fine* : ...... Le coupable sera de plus privé des *droits et avantages* à lui accordés sur la personne et sur les biens des enfants.... des droits et *avantages*.... A la bonne heure! il n'y a pas à s'y tromper. Mais quelle différence avec le texte de l'art. 1388 C. c.! Je le répète, ce dernier ne parle absolument que des droits sur la personne.

Mais alors, dira-t-on, faut-il donc permettre au mari de renoncer par son contrat de mariage à l'administration légale que l'art. 389 lui confère sur les biens de ses enfants? Non, sans doute, il ne le faut pas. Mais ce n'est pas en vertu de l'art. 1388 que je l'interdirais, parce que cet article n'y est pas applicable, c'est en vertu de l'art. 6 du Code civil, qui défend de déroger par des conventions particulières aux lois qui intéressent l'ordre public ou les bonnes mœurs, parce que l'administration légale des biens des enfants intéresse l'ordre public comme les tutelles et au même titre.

Quant à la renonciation à l'usufruit légal par contrat de mariage, je ne la vois contraire ni à l'art. 1388, qui ne s'en occupe pas, ni aux bonnes mœurs, ni à l'ordre public ; je la vois au contraire très favorable aux enfants à naître. Je suis donc disposé à l'admettre.

II. Effets de l'usufruit paternel.

Que l'usufruit appartienne au père, qu'il appartienne à la mère, les effets en sont toujours les mêmes ; la loi n'y met pas de différence.

Art. 1er. — *Étendue et limites.*

En règle générale, il s'applique à tous les biens de l'enfant mineur, mais seulement aux biens de l'enfant mineur.

Quand une succession est dévolue à l'enfant, le père peut-il agir seul à l'égard de cette succession, l'accepter ou la refuser, y ayant un intérêt personnel comme usufruitier légal des biens de son enfant ? Non, sans doute, le père tuteur et usufruitier devra se conformer aux prescriptions de l'article 461 du Code civil ; il lui faudra l'autorisation du conseil de famille, et la succession ne pourra être acceptée que sous bénéfice d'inventaire. Or, en cas de dissidence entre le père et le conseil de famille, de deux choses l'une : ou le père voudra accepter et le conseil de famille refuser ; dans ce cas, la succession sera refusée, à moins que le père ne fasse anéantir la décision du conseil, et les biens de la succession n'ayant jamais appartenu à l'enfant, le père n'en pourra jamais avoir eu l'usufruit ; ou bien le père voudra répudier et le conseil de famille accepter ; alors la succession sera acceptée et le père aura l'usufruit des biens qui la composent : l'avis qu'il a émis au sein du conseil de famille ne peut être considéré comme une renonciation, car il l'a donné comme tuteur et non comme usufruitier (Proudhon, *Usufruit.* — M. Demolombe, *Puissance paternelle.*)

C'est ainsi que quand une succession dévolue au père est refusée par lui et par suite déférée à son enfant, le père a néanmoins l'usufruit des biens qui la composent : sa répudiation ne peut être considérée comme une renonciation, car elle a été faite en qualité d'héritier et non d'usufruitier.

Le père a l'usufruit du trésor qui appartient à son enfant. Le trésor n'est pas un fruit, c'est un capital, une acquisition de fortune qui advient à l'enfant, et le père, aux termes de l'article 384, a l'usufruit de tous les biens du mineur.

Le père a l'usufruit de l'usufruit légué à l'enfant. On peut dire, pour nier cette proposition, qu'un usufruit n'étant qu'un revenu, que le droit de percevoir des fruits, en accorder au père l'exercice à la place du fils, c'est substituer celui-là à celui-ci, c'est absorber le droit de l'un dans celui de l'autre, c'est dépouiller complétement le fils au profit du père, c'est au moins lui faire une position pire que celle qu'il occupe quand les biens soumis à l'usufruit lui appartiennent en pleine propriété ; car, dans cette hypothèse, si le père perçoit les revenus, il lui reste à lui quelque chose, un droit distinct et utile, tandis que lorsqu'il n'a que l'usufruit, si c'est son père qui en perçoit les revenus à sa place, il ne lui reste absolument rien ; et que pour mettre toutes choses égales, il faut estimer la valeur de l'usufruit et en faire un capital dont le père aura le revenu.

Je crois que ces objections et ces considérations, pour être sérieuses, ne sont pas concluantes. Le père a la jouissance des biens de son enfant, de tous ses biens, de quelque nature qu'ils soient; c'est-à-dire qu'il doit percevoir tous les fruits que, sans l'usufruit paternel, le fils aurait perçus lui-même; c'est-à-dire qu'il doit user du droit absolument de la même façon que le fils en userait lui-même. Le fils est-il propriétaire de la chose, il a droit à tous les fruits ; donc le père a droit à tous les fruits. Le fils est-il usufruitier, il a droit encore à tous les fruits ; donc le père a encore droit à tous les fruits. Mais, on objecte que, quand le fils est plein propriétaire, le père, en prenant l'usufruit, laisse au moins à son fils la nue propriété? Sans doute, et pareillement le père, en percevant les fruits de la chose dont le fils n'est qu'usufruitier, laisse également à son fils le droit même d'usufruit. Il est vrai que ce droit d'usufruit n'est pas perpétuel comme celui de propriété, qu'il peut s'éteindre d'un moment à l'autre, qu'il peut être éteint au temps où le fils aurait pu en jouir lui-même, si bien que sa condition est pire que s'il était plein propriétaire. Mais qu'y a-t-il là de surprenant? Il est naïvement clair que celui qui n'est qu'usufruitier d'une chose est moins riche que s'il en était plein propriétaire, et ce qui serait bien plus étrange, ce serait qu'un usufruitier pût trouver dans son droit autant d'avantages qu'un propriétaire dans le sien.

Enfin, pourquoi rejeter l'expédient proposé, et ne pas vouloir convertir l'usufruit du fils en un capital dont le père aurait l'usufruit ?

Parce que la loi ne l'a pas dit; parce que rien de légal, rien de juridique ne guiderait dans cette conversion, dans l'estimation qui serait faite; parce que la loi n'autorise nulle part cette conversion elle-même, et que les dispositions de la loi doivent être appliquées à tous les biens, de quelque nature qu'ils soient, quand la loi n'a pas fait de distinction.

Au surplus, le père ne deviendra pas usufruitier à la place du fils; il percevra seulement les fruits, il jouira, enfin il aura son usufruit spécial. Le fils, lui, continuera d'être usufruitier au regard du nu-propriétaire ; c'est lui qui fournira à celui-ci la caution exigée par l'article 601. Le père ne donnera pas caution au fils, parce que ce même article l'en dispense, mais il devra faire l'inventaire prescrit par l'article 600, puisque c'est lui, et lui seul, qui entre effectivement en jouissance.

Le survivant des père et mère, usufruitier des biens de ces enfants mineurs, à le droit de jouir du bail fait au conjoint défunt et dévolu dans sa succession à ces enfants, car ce bail est un bien des enfants. Quant aux fruits que produit ce bail, je les considère comme de simples fruits qui appartiennent à l'usufruitier légal. Les motifs que j'ai donnés plus haut relativement à l'usufruit qui frappe sur un usufruit me déterminent à adopter la même solution pour le cas de l'usufruit qui frapperait sur un bail.

Ainsi, tous les biens qui appartiennent aux enfants sont soumis à l'usufruit paternel, excepté :

1° Ceux qu'ils ont acquis par un travail ou une industrie séparés (art. 387).

2° Ceux qui leur ont été donnés ou légués sous la condition que le père n'en aura pas l'usufruit (art. 387).

3° Ceux qui composent une succession dont le père a été déclaré indigne (art. 730).

1° Ceux acquis par un travail ou une industrie séparés.

Pour que le travail ou l'industrie soient séparés, il n'est pas besoin que l'enfant ait une maison à lui, un commerce qu'il dirige et dont il soit le maître; il suffit, mais il faut au moins qu'il travaille chez un autre que son père, ou pour un autre. Quand l'enfant travaille chez son père, il n'a pas droit à un salaire ou à une rétribution quelconque. La loi n'a pas voulu sans doute que l'enfant qui a été nourri et entretenu par le père pût lui marchander un travail sans tenir compte des sacrifices pécuniaires qui ont été faits pour lui.

Il s'ensuit que, de deux enfants dont l'un travaille chez son père et l'autre chez un étranger, le premier ne profitera point de son travail et n'y gagnera rien, tandis que l'autre touchera un salaire auquel son père n'aura aucun droit. Y a-t-il là inégalité ? En fait peut-être; juridiquemement et aux yeux de la loi, non. En effet, si la loi veut que le travail fourni par l'enfant au père ne soit pas rétribué, c'est qu'elle suppose que ce travail est la juste indemnité des frais de nourriture et d'entretien de l'enfant; et, d'un autre côté, l'art. 203, qui impose aux parents l'obligation de nourrir leurs enfants, n'est applicable qu'autant que les enfants n'ont pas de ressources personnelles; d'où il suit que quand ils en ont, les frais de leur entretien doivent être payés par leurs biens propres. Donc l'enfant qui gagnera un salaire au dehors devra imputer sur ce salaire ses frais d'entretien et de nourriture. Et comme aux yeux de la loi et le plus souvent en fait le salaire d'un enfant n'excède pas ce qui est nécessaire pour l'entretenir et le nourrir, il arrivera en définitive que l'enfant qui travaille chez son père n'y gagne rien mais est nourri pour rien, et celui qui gagne un salaire au dehors devra le consacrer tout entier à payer sa nourriture et son entretien.

2° Ceux donnés sous la condition que les père et mère
n'en jouiront pas.

L'usufruit paternel ne s'étend pas aux biens qui pourraient être donnés à l'enfant sous la condition expresse que les père et mère n'en jouiront pas (art. 387).

Il faut que la condition soit expresse. Il n'en faut pas conclure qu'elle doive être indiquée dans une formule sacramentelle, ni même formulée dans une phrase; il suffirait qu'elle ressortît, mais avec une incontestable évidence, des expressions et des dispositions du testateur ou donateur.

Ici se présente une question fort controversée, celle de savoir si la prohibition d'usufruit peut porter sur la réserve légale. En droit romain, elle n'y pouvait pas porter. Dans notre ancien droit il y avait déjà controverse, mais l'opinion la plus généralement admise était aussi que la prohibition d'usufruit ne pouvait s'appliquer à la réserve. Sous l'empire du Code civil l'accord ne s'est pas fait. Les autorités les plus graves professent que la prohibition d'usufruit ne peut s'appliquer à la réserve. J'avoue que leur nombre et leur gravité sont la considération qui me touche le plus, la seule, s'il y en avait une, qui pourrait me faire douter de l'exactitude de l'opinion contraire. Je suis fortement convaincu que dans l'état actuel de la législation la prohibition d'usufruit peut porter aussi bien sur la réserve que sur la quotité disponible.

Et d'abord qu'on lise l'art. 387 : « *L'usufruit paternel ne s'étend pas aux biens qui pourraient être donnés ou légués à l'enfant sous la condition expresse que les père et mère n'en jouiront pas.* » Là déjà pas de distinction; pas la moindre réticence ou la moindre arrière-pensée. Mais cette distinction on prétend la trouver dans les art. 920 et 921. C'est là qu'est la difficulté. Voici ces deux articles. Art. 920 : « *Les dispositions soit entre-vifs, soit à cause de mort, qui excéderont la quotité disponible seront réductibles à cette quotité.* » Art. 921 : « *La réduction des dispositions entre-vifs ne pourra être demandée que par ceux au profit desquels la loi fait la réserve, par leurs héritiers ou ayants cause : les donataires, les légataires, ni les créanciers du défunt ne pourront demander cette réduction ni en profiter.* » C'est bien entendu : la réserve est chose sacrée à laquelle le testateur ou donateur ne peut pas toucher, à laquelle il ne peut imposer aucune condition, aucune entrave, aucune restriction, aucune gêne; toute condition imposée à cette réserve sera annulable, mais seulement, remarquons-le bien, seulement quand elle sera préjudiciable au réservataire ou à ses ayants cause, et en outre, ce qui est une conséquence

logique, elle ne sera annulée que sur la demande du réservataire ou
de ses ayants cause. Ce qui est interdit au donateur ou testateur, c'est
toute clause sur la réserve qui pourrait diminuer la fortune du réservataire, ou porter atteinte à son crédit en nuisant à ses ayants cause.
C'est bien là ce qui, *de l'aveu de tout le monde*, résulte des termes des
art. 920 et 921 ; et l'art. 581 du Code de procédure a fait de cette
théorie une application très juste, en ordonnant qu'un testateur ne
pourrait point léguer la réserve à son réservataire avec condition d'insaisissabilité, parce que le crédit de l'héritier en était diminué et ses
ayants cause perdaient une garantie sur laquelle ils étaient autorisés à
compter. Donc, tant que le testateur n'a rien fait qui nuise à la fortune
du réservataire ou à son crédit, en nuisant à ses ayants cause, la réserve est intacte et l'action en réduction n'est pas ouverte.

Eh bien, je le demande, quand la réserve est de 20,000 fr., par
exemple, et que le testateur lègue à son héritier cette réserve, et qu'il
lui lègue en outre, par une clause expresse, l'usufruit qui devait passer
à son père, en quoi la réserve est-elle entamée? Tous ceux qui n'entendent rien aux subtilités du droit, tous ceux qui ne peuvent consulter que le plus épais bon sens, tous les ignorants seront unanimes
pour répondre que loin que la réserve soit entamée, le testateur a conféré au réservataire des avantages auxquels il ne devait pas s'attendre.

Maintenant voici les objections que l'on oppose à ce résultat ma-
tériel.

Le droit de réserve, dit-on, qui semble surabondamment respecté
par l'attribution faite à l'enfant de l'usufruit paternel, n'est respecté
qu'en apparence ; en réalité, il sera juridiquement diminué. J'avoue
que j'ai vainement cherché une hypothèse où soit la fortune, soit le
crédit de l'enfant fût diminué par la clause dont je soutiens la validité;
je n'en ai point trouvé. M. Demolombe indique celle d'un père qui,
riche et généreux, entretient son enfant à ses propres frais, sans imputer ses dépenses sur les biens personnels de l'enfant, et qui, blessé
qu'un testament fait en faveur de son enfant lui enlève l'usufruit même
de la réserve, changerait tout à coup de conduite et imputerait rigoureusement, sur les revenus de l'enfant, les dépenses qu'il fait pour lui,
en sorte que, tout compte fait, l'enfant perdît plus aux rigueurs de son
père qu'il ne gagnait à l'usufruit de sa réserve. Mais ce n'est pas là

une hypothèse juridique. Que le père soit avare ou généreux envers son enfant, peu importe aux tribunaux ; le juge n'a pas mission de rechercher si le contentement ou la mauvaise humeur d'un père profitera ou nuira aux intérêts de son enfant et de faire plier les volontés de la loi devant les caprices d'un homme pour apaiser ses colères et ménager à l'enfant ses bonnes grâces et ses générosités. Il n'a à rechercher que les conséquences normales et juridiques des faits qui lui sont déférés. Eh bien, ce qui est juridiquement vrai dans cette hypothèse comme dans toutes les autres, c'est que l'enfant a eu, en outre de sa réserve et en vertu de la clause que l'on conteste, un usufruit qu'il ne devait pas avoir ; c'est que cette clause lui est avantageuse, loin de lui nuire ; c'est qu'il faut renoncer à se plaindre que l'enfant a eu moins, et qu'il faut se plaindre qu'il a eu trop.

C'est bien là qu'il en faut venir, car sans cela il n'y aurait pas moyen de se tirer d'embarras. A prétendre uniquement que la clause dont il s'agit entame véritablement la réserve et est préjudiciable à l'héritier réservataire, on n'y pourrait pas tenir, et les procès fondés sur une telle prétention seraient vraiment curieux, s'ils étaient possibles. Voici un père qui viendrait, au nom de son fils, demander la réduction d'une donation qui entame sa réserve. Or, la donation à réduire ayant été faite précisément au fils, il arrivera que le demandeur sera le fils, le défendeur sera encore le fils, l'attaque et la défense viendront toutes deux du fils, la lutte sera entre le fils..... tout seul, le tribunal donnera gain de cause au fils contre lui-même, et la donation qui lui avait été faite sera réduite contre lui et en sa faveur, à son préjudice et à son plus grand avantage. Les absurdités qu'entraîne nécessairement l'application de cette prétention ne permettent pas de s'y arrêter plus longtemps. Il faut reconnaître que ce n'est pas le fils qui est lésé dans ses intérêts, mais le père.

Eh bien, on le reconnaît. Oui, dit-on, c'est le père qui est lésé et c'est lui qui réclame contre son fils la réduction de la donation faite à ce dernier, et il en a le droit. A la bonne heure ! Cette prétention a le mérite de ne pas entraîner d'impossibilité dans l'application : le procès aura lieu entre le père et l'enfant. Mais elle est aussi inadmissible que la précédente. Elle viole patemment l'art. 921 et toute la théorie de notre Code sur la réserve et la portion disponible. Elle accorde au père et à son profit une action de réduction que cet article n'accorde qu'au réservataire ; elle l'accorde contre l'enfant lui-même et à son préjudice, ce qui est précisément le contraire de ce qu'a voulu la loi ; enfin elle l'accorde contre une clause qui n'entamait pas la réserve, ce qui est encore en contradiction avec l'art. 921.

On répond que la réserve est entamée véritablement, et on invoque des analogies ; on cite des exemples où la réserve ne paraît nullement atteinte et où cependant la loi donne formellement ouverture à l'action en réduction, et où l'action sera exercée contre le réservataire lui-même par des tiers qui en profitent. On comprend de reste l'importance de ces analogies ; si elles sont irréprochables, en effet, si le père est absolument dans la même position que les tiers dont on invoque l'exemple, force sera bien de convenir que le père aura les mêmes droits qu'eux et que l'action en réduction sera ouverte à son profit comme au leur.

On dit : Qu'un homme lègue toute sa fortune à son héritier réservataire avec condition d'insaisissabilité, trouvez-vous que la réserve soit entamée ? L'héritier n'a-t-il pas sa réserve tout entière, plus l'avantage immense que ses biens soient insaisissables, ce qui fait que s'il est criblé de dettes, il pourra vivre dans l'opulence au milieu de ses créanciers qui n'y pourront rien ? Et cependant l'art. 851 du Code de procédure, faisant l'application des vrais principes sur la réserve, déclare que la réserve ne pourra être léguée avec condition d'insaisissabilité. Qu'un homme contracte une société universelle de gains (art. 1837), et que son père lui lègue sa réserve avec condition qu'elle ne tombera pas dans la société et lui restera propre... Certes là encore on ne peut pas dire que la réserve soit entamée : le réservataire l'a tout entière ; et la condition du testament lui est même avantageuse, puisqu'il y trouve le droit de garder en propre des biens qui devaient tomber en société. Et pourtant refuserez-vous aux associés l'action en réduction ? Évidemment non. Vous voyez donc bien, en conclut-on, que la position des tiers indiqués dans ces deux exemples est absolument la même que celle du père usufruitier légal, que ce sont eux qui exercent l'action du réservataire, que ce sont eux qui en profitent, que la condition qu'elle fait annuler, loin d'être préjudiciable, est avantageuse au réservataire, et que par conséquent il n'est pas contraire à l'art. 921 d'accorder cette action de réduction au père, dans des circonstances parfaitement pareilles, et avec des résultats complétement identiques.

Non, les analogies ne sont pas exactes. Les tiers créanciers dans le premier exemple, les tiers associés dans le second, sont parfaitement en droit d'intenter l'action en réduction, et l'action en réduction a une raison d'être très juridique. En effet, la réserve a été véritablement entamée; si la fortune du réservataire n'a point été diminuée, si même ou contraire elle a été augmentée, son crédit d'autre part a véritablement souffert, puisque la clause l'empêche de satisfaire à ses engagements et enlève à ses créanciers des garanties et des bénéfices qu'ils devaient légitimement espérer. Les créanciers et les associés du réservataire sont ses ayants cause, et l'article 921, combiné avec l'article 1166, leur donne indubitablement le droit d'agir à la place du réservataire, et d'intenter l'action en réduction qui leur appartient. Mais il n'en est pas de même de la question que je traite : ni la fortune, ni le crédit du réservataire n'a reçu d'atteinte; les biens lui arrivent aussi libres et aussi francs, plus entiers même que si la clause n'existait pas, et le père n'est pas un ayant cause de son enfant.

On insiste et on m'arrête. On prétend que le père est un ayant cause du fils. L'erreur est évidente. Est-ce que le père a un droit d'usufruit tellement indépendant des acquisitions du fils, que le fils soit obligé d'acquérir même à son propre préjudice pour lui en faire raison? Est-ce que le père a, dès à présent, un droit acquis sur les biens qui lui adviendront? Est-ce qu'il est le créancier de son enfant, de telle sorte qu'il puisse exercer ses actions à sa place et malgré lui, protester contre les actes faits en son nom? Est-ce que, pour n'en citer qu'un exemple, il pourrait faire annuler une renonciation à succession faite dans l'intérêt du mineur, par le motif qu'elle préjudicie à son usufruit? Evidemment non. Et puis, d'où le père tire-t-il son droit d'usufruit? De l'article 384, modifié et restreint par l'art. 387. Donc pour prouver que le père est ayant cause et créancier de son enfant relativement aux biens de la réserve dont il s'agit, il faudrait préalablement qu'il fût certain que les termes de cet art. 387 ne peuvent s'appliquer à la réserve, et c'est justement là le point à démontrer. Le cercle vicieux est des plus clairs et des plus sensibles.

Il reste une dernière objection, qui appartient à un autre ordre d'idées, et qui n'est pas plus déterminante que les autres.—Vous tolérez, dit-on, sur la réserve une disposition, une condition quelconque, et le testateur ne peut en aucune manière en disposer. L'héritier qui la recueille la tient de la loi et non pas du défunt ; par conséquent elle doit lui arriver dans les conditions où la loi l'a mise, avec les charges légales qui lui sont imposées, sans que le testateur ait le droit d'en modifier le sort. — C'est encore une erreur, la distinction n'est pas aussi radicale entre le disponible et la réserve. La seule différence qu'il y ait, c'est que la loi assure la partie réservée à l'héritier et qu'elle laisse au testateur la faculté de lui ôter le reste. Mais quand il recueille tout, il le recueille au même titre, et sans distinction de réserve et de disponible; il est pour le tout héritier du défunt, et s'il tient son droit de la loi, c'est aussi bien pour le disponible que pour la réserve. Il ne faut donc pas dire que le testateur ne peut rien sur la réserve, et qu'il n'en peut modifier le sort; il faut dire au contraire qu'il peut tout, excepté ce qui porterait atteinte aux caractères essentiels de la réserve, tout, excepté ce qui en diminuerait les avantages; tout, excepté ce qui diminuerait la fortune ou le crédit du réservataire.

Par tous ces motifs, je crois fermement que la prohibition d'usufruit paternel peut porter sur la réserve comme sur le disponible. Annuler cette clause, ce serait en réalité faire une réserve au père usufruitier sur la réserve de l'enfant mineur, ce serait violer l'art. 387 qui ne lui accorde l'usufruit que quand il ne lui a pas été retiré; ce serait violer l'art. 921 qui ne veut pas que d'autres que l'enfant ou ses ayants cause profitent de la réserve, ce serait se méprendre grossièrement sur la disposition de cet article toute favorable à l'enfant, et le retourner contre celui qui seul a le droit de s'en servir et de l'invoquer (1).

3° *Ceux provenant d'une succession dont le père a été déclaré indigne.*

La loi n'a pas voulu que l'individu déclaré indigne de succéder par un moyen quelconque profite des biens de la succession dont il a été écarté. C'est pour cela qu'elle veut que lorsqu'une successssion dont le père est indigne échoit aux enfants, le père n'ait pas l'usufruit des biens qui la composent.

---

(1) Voir en ce sens MM. Valette sur Proudhon, Duvergier sur Toullier.

Quand le père est déclaré indigne de la succession, la mère ne peut jouir immédiatement et pendant la vie de son mari de l'usufruit dont il est déchu, car l'art. 384 n'accorde l'usufruit paternel qu'à la mère survivante. Que si c'est la mère qui était héritière et qui a été déclarée indigne, le père aura néanmoins l'usufruit des biens de la succession échue à ses enfants par suite de l'indignité de la mère. Il est bien vrai que dans ce cas la mère recueillera indirectement une partie des avantages dont la loi voulait la priver totalement, puisque les revenus qui sont acquis au mari tombent dans la communauté dont la femme est copropriétaire, et qu'elle partage en tous cas avec lui le bien-être que ces revenus apportent dans la maison. C'est une des raisons que j'ai fait valoir pour décider que, en cas de déchéance du mari, la mère n'aurait qu'après sa mort l'usufruit légal. Mais ce n'est toujours qu'une considération de fait qui peut bien confirmer une solution conforme à un texte de loi, mais qui ne peut pas motiver une décision qui y serait contraire. Or, l'art. 384 est formel : *le père a pendant le mariage l'usufruit des biens qui adviennent à ses enfants*, et il n'est pas permis, dans un cas spécial, en vertu d'une simple considération de fait, de prononcer contre le mari une déchéance que la loi n'a pas prononcée.

Que si le père avait été condamné comme complice de sa femme pour le fait qui a entraîné l'indignité, serait-il déchu comme elle et avec elle, de l'usufruit des biens de la succession ? Si la loi l'avait dit, ce serait bien dit et il y faudrait applaudir. Mais la disposition pénale de l'art. 730 ne prononce de déchéance que contre l'héritier déclaré indigne, et point contre un autre. Il ne faut donc l'appliquer qu'à lui. Et qu'on remarque la conséquence qu'entraînerait logiquement l'extension de la déchéance d'usufruit au père complice de sa femme dans le fait qui l'a rendue indigne de succéder. Si, dans ce cas, le mari mérite la déchéance, si sa culpabilité est assez grave pour qu'on la lui applique sous un texte formel, il faudra la lui appliquer aussi quand il se sera rendu complice d'un premier venu dans le même fait criminel; car, dans ce cas, sa culpabilité est absolument la même ; ce n'est pas la circonstance que l'auteur principal était un autre que sa femme héritière, qui peut en modifier le caractère et en amoindrir la gravité. Personne cependant n'admettra ce dernier point; eh bien, c'est par les raisons qui le font rejeter que je rejette le premier.

Art. 2. — *Droits de l'usufruitier.*

La loi n'a rien dit sur les droits que confère l'usufruit paternel et sur les obligations qu'il impose. Il est raisonnable de penser qu'elle a voulu s'en référer sur ce point aux dispositions qu'elle a édictées sur l'usufruit ordinaire. Les art. 385 et 601 provoquent à cette assimilation, et semblent même la supposer en disant, l'un que les charges de l'usufruit légal sont celles auxquelles sont tenus tous les usufruitiers, l'autre que les père et mère usufruitiers seront tenus de donner caution.

Cependant tout le monde n'est pas d'accord sur le point de savoir si, quand l'usufruit paternel frappe sur des meubles qui se détériorent par l'usage, l'usufruitier n'est tenu qu'à les rendre tels qu'ils se trouvent, non détériorés par sa faute ou son dol, ou bien s'il en doit supporter les détoriations.

L'art. 453 est ainsi conçu : *Les père et mère, tant qu'ils ont la jouissance propre des biens des mineurs, sont dispensés de vendre les meubles s'ils préfèrent de les garder pour les remettre en nature. Dans ce cas, ils en feront faire à leurs frais une estimation..... Ils rendront la valeur estimative de ceux des meubles qu'ils ne pourraient représenter.* En l'analysant avec soin, on y trouve plusieurs hypothèses résolues et point celle dont je m'occupe. Le père usufruitier a le choix de vendre ou de garder. S'il vend, point de difficulté; le prix qu'il en tire est un capital dont le revenu lui appartient. Mais s'il garde ?... Deux hypothèses possibles : 1° il ne peut représenter les meubles, parce qu'ils sont détruits, perdus, ou autrement disparus. Dans ce cas, l'article 453 prononce : le père rendra la valeur estimative. 2° Il les représente; seulement ils ne sont pas dans l'état où ils étaient lors de l'entrée en jouissance; ils sont fanés, usés, vieillis, détériorés. L'article 453 ne prévoit pas cette hypothèse. Evidemment il faut aller en chercher la solution dans les principes généraux sur l'usufruit, sous peine de tomber dans le faux et l'arbitraire. L'art. 587 dit : *Si l'usufruit comprend des choses qui, sans se consommer de suite, se détériorent peu à peu par l'usage........, l'usufruitier a le droit de s'en servir pour l'usage auquel elles sont destinées, et n'est obligé de les rendre à la fin de l'usufruit que dans l'état où elles se trouvent, non détériorées par son dol ou par sa faute.* Voilà le principe général, voilà bien évidemment, ce me semble, la solution de la dernière hypothèse.

Tout le monde pourtant n'admet pas cette opinion ; il y a des auteurs qui appliquent même à cette hypothèse la solution de l'art. 453 *in fine*, solution spéciale à un cas tout différent. Cette doctrine n'est rien moins que logique et n'est, certes, pas plus juridique. En dehors des cas qu'il prévoit, l'art. 453 doit être complétement inapplicable, puisqu'il ne statue que pour ceux-là et que sa disposition d'ailleurs n'est pas une loi d'équité générale qui se prête facilement à une extension interprétative. C'est donc au principe de l'art. 589 qu'il faut recourir, puisque cet article est placé au siége de la matière, au titre de l'usufruit, et que sa disposition affecte un caractère de généralité qui implique qu'on doit l'appliquer à l'hypothèse qu'il prévoit, dans toutes les circonstances où elle se présentera. Cette solution est non-seulement juridique, mais elle est encore parfaitement raisonnable. Le père est usufruitier des meubles, donc il a le droit d'en jouir ; ce serait le dépouiller en partie de son droit que de lui faire supporter des détériorations qui en sont l'inévitable conséquence. Mais, dit-on, le père avait droit de vendre ou de garder (art. 453) ; l'usufruitier ordinaire, lui, ne le pouvait pas ; il était obligé de garder ; il n'est donc pas surprenant qu'au jour de la restitution le premier soit plus rigoureusement traité que le second, puisque la position de l'un a été volontairement acceptée et que le père en a accepté toutes les conséquences, tandis que la position de l'autre a été imposée. Je ne crois pas que ce raisonnement soit celui de la loi. Le père avait le droit d'usufruit sur les meubles, par conséquent celui de les garder : voilà la règle, voilà le principe. Aussi la loi, qui venait de dire dans l'art. 452 que le tuteur était obligé de vendre les meubles du mineur, ne pouvant sans injustice imposer cette obligation au père usufruitier, s'empresse-t-elle d'ajouter, dans l'art. 453, que le père ne sera pas obligé de vendre. Seulement, elle lui laisse la faculté de vendre, s'il le préfère, parce que s'il vend, l'intérêt du mineur ne pourra qu'y gagner. Donc le père, en gardant les meubles, use de son droit strict, rien ne peut le contraindre à vendre, et il est injuste et arbitraire de lui en faire supporter le dommage ; mettre à sa charge les détériorations provenant de sa jouissance, c'est réellement lui ôter le libre choix que lui donne l'art. 453, c'est le forcer à vendre.

L'usufruit ordinaire peut être vendu ou cédé (art. 595), hypothéqué (art. 2118), exproprié (art. 2204). Je ne crois pas qu'il en puisse être de même de l'usufruit paternel, parce que, si le père vendait son droit, il ne pourrait pas administrer lui-même les biens de ses enfants, et c'est à lui seul que la loi les confie ; parce que parmi les charges de cet usufruit, il y en a qui ne peuvent être acquittées que par le père et ne sont point susceptibles d'être transmises à des tiers, l'éducation, par exemple, et la garde des enfants ; parce que le père, en aliénant son usufruit, conserverait toujours le droit d'émanciper son enfant et de mettre fin à l'usufruit avant le temps où il devait régulièrement finir, et tiendrait ainsi son cessionnaire à sa merci ; parce qu'enfin l'usufruit paternel a un caractère de personnalité qui n'en peut permettre le déplacement.

Mais si le droit même d'usufruit ne peut être transporté à un autre, les fruits qu'il produit peuvent être vendus, cédés, échangés, donnés ; ils peuvent être saisis par les créanciers du père. Seulement, comme le père ne perçoit les fruits des biens des enfants que déduction faite des frais d'entretien et d'éducation, ses créanciers ne peuvent avoir plus de droits que lui, et ils ne pourront saisir les fruits, qu'à la condition d'en déduire préalablement les dépenses nécessaires aux enfants ; et le père serait fondé, en sa qualité de père et d'administrateur, à demander cette déduction. Que si, sur le chiffre de cette déduction, les créanciers et le père n'étaient pas d'accord, le juge le fixerait.

ART. 3. — *Obligations de l'usufruitier.*

L'art. 385 énumère ainsi les obligations de l'usufruit paternel :

1° Celles auxquelles sont tenus les usufruitiers ;

2° L'entretien, la nourriture et l'éducation des enfants selon leur fortune ;

3° Le paiement des arrérages ou intérêts des capitaux ;

4° Les frais funéraires et ceux de dernière maladie.

1° *Celles auxquelles sont tenus les usufruitiers.*

C'est-à-dire faire dresser un inventaire des objets compris dans l'usufruit, jouir en bon père de famille, payer toutes les charges considérées comme charges de fruits, faire toutes les réparations d'entretien, etc. Quant à la caution que doit donner l'usufruitier ordinaire, le père en est expressément dispensé.

2° *L'entretien, l'éducation et la nourriture des enfants selon leur fortune.*

L'art. 203 avait déjà dit que les époux contractent, par le seul fait du mariage, l'obligation de nourrir et entretenir leurs enfants. Pourquoi l'article 385-2° impose-t-il encore la même condition au père usufruitier? N'y a-t-il pas là double emploi? Non, les deux obligations n'ont pas la même cause ni les mêmes effets, et il importe de ne pas les confondre. L'obligation qui, d'après l'art. 203, résulte du fait seul du mariage, ne peut pas forcer le père à faire plus que ses facultés ne le lui permettent; aussi le père ne doit-il entretenir son enfant que suivant sa fortune. De plus, cette obligation étant fondée sur ce que l'enfant ne peut vivre par son travail et avec ses ressources, il s'ensuit qu'elle cesse quand l'enfant a des biens, des ressources personnelles suffisantes. Au contraire, l'obligation de l'art. 385-2° résulte de l'usufruit lui-même, dont elle est une charge; c'est-à-dire qu'elle s'applique précisément au cas où la première cesse d'exister, au cas où l'enfant a des biens personnels; par conséquent, l'enfant doit être entretenu suivant sa propre fortune, et, en outre, eût-il d'autres biens personnels dont le père ne jouirait pas, le père n'en devrait pas moins imputer toutes les dépenses d'entretien, d'abord sur les fruits des biens dont il jouit avant de toucher à ceux dont il ne jouit pas. Je reviendrai tout à l'heure avec quelque détail sur les conséquences de ces idées.

3° Le paiement des arrérages ou intérêts des capitaux.

Ici grande difficulté et grande controverse. De quels arrérages et de quels intérêts s'agit-il? Sont-ce les intérêts qui viennent à échoir pendant la durée de l'usufruit? Mais c'est là une charge de l'usufruit ordinaire imposée déjà par le 1° de l'art. 385 ; par conséquent, le 3° de cet article a voulu dire autre chose, ou il est inutile. Sont-ce les intérêts et arrérages échus avant l'ouverture de l'usufruit? Mais est-il croyable que la loi ait entendu faire supporter à l'usufruitier des charges qui ne sont point nées pendant la durée de son usufruit, et lui faire payer des arriérés que la négligence du défunt a perpétués, que le hasard a laissés exister et qu'il pouvait faire disparaître? Quelque grave que soit cette objection, je crois néanmoins qu'il faut s'en tenir à l'opinion à laquelle elle s'adresse. Dans notre ancien droit coutumier, c'est ainsi que les choses se passaient; le gardien payait les arrérages échus avant l'ouverture de la garde, et il est certain que les législateurs de 1804 ont entendu reproduire ces traditions. — Que si l'on demande quelle est la raison qui a pu déterminer les législateurs de 1804 à transporter cette disposition dans notre droit, je doute qu'on en puisse donner, sinon que la coutume étant ainsi faite, il était plus facile de la copier que de la changer et de la rendre meilleure. On peut dire, pourtant, comme motif plus sérieux, que l'usufruit paternel étant tout à fait à l'avantage du père, on ne court point grand risque à lui imposer des charges exceptionnelles, voire illogiques, et qu'après tout, c'est bien le moins que celui qui jouit des biens d'un autre pendant plusieurs années, rende le bien franc et quitte de toutes dettes. Seulement, il y a un inconvénient : c'est qu'il peut arriver que l'usufruit ne rapporte pas assez pour payer toutes les dettes qui le grèvent, et que le père soit obligé de mettre du sien; de sorte que l'usufruit, au lieu d'être avantageux au père, lui sera préjudiciable. Mais que le père y réfléchisse, il peut refuser; c'est à lui de voir s'il est de son intérêt d'accepter; s'il accepte, c'est une sorte de contrat aléatoire qu'il signe, et si la fortune tourne contre lui, il n'a pas à s'en plaindre.

Quelques justifications que l'on puisse apporter, il faut bien convenir que la disposition de cet art. 385-3° est tout exceptionnelle et bien

rigoureuse pour l'usufruitier légal; et, pour ma part, je l'incrimine-
rais bien plus encore, si l'usufruit paternel, pour qui elle est si dure,
était digne à mes yeux de quelque compassion. Aussi Proudhon, qui
adopte le sens que j'ai indiqué, en renferme-t-il strictement l'application dans les termes de la loi. Ainsi, selon lui, il ne faut point
étendre la disposition de l'art. 385-2° aux arrérages de rentes foncières ou de rentes viagères, parce que, dit-il, dans les rentes foncières
il n'y a point de capitaux, mais des fonds; dans les rentes viagères il
n'y a point de capitaux, mais un marché à forfait, et que l'art. 385-3°
ne parle que d'arrérages de capitaux. Je ne crois pas que cette distinction soit acceptable, d'abord pour les rentes foncières, parce qu'aujourd'hui qu'elles sont mobilisées, elles sont vraiment arrérages de
capitaux; ensuite pour les rentes viagères, parce que la loi n'a certainement pas eu la pensée de distinguer là où il n'y avait pas raison de
le faire.

4° *Les frais funéraires et de dernière maladie.*

Ici encore difficulté analogue. Sont-ce les frais funéraires et de dernière maladie de l'enfant? Mais ces frais funéraires ne seront dus
qu'après la mort de l'enfant, par conséquent après l'extinction de l'u-
sufruit, et l'on ne peut pas faire supporter à l'usufruitier des charges
qui ne peuvent naître que quand il aura cessé d'être usufruitier, lui
faire payer des frais qui seraient payés à la décharge des héritiers de
l'enfant décédé. Et puis, pourquoi la loi parlerait-elle des frais de
dernière maladie? Est-ce que l'usufruitier n'est pas tenu de payer les
frais de toutes les maladies de l'enfant? Sont-ce les frais de dernière
maladie de la personne à qui l'enfant succède? Mais ces frais sont
dus avant que l'usufruit légal soit ouvert, et il n'est pas plus logique
que l'usufruitier supporte des charges nées avant l'ouverture de son droit.
C'est pourtant encore cette dernière idée qui est la vraie. D'abord elle
existait dans l'ancien droit, auquel le Code a fait tant d'emprunts, et il est
certain que le législateur de 1804 a voulu la reproduire. Ensuite elle
est conséquente avec la disposition précédente de l'art. 385, entendue
dans le sens que j'ai indiqué et qui est bien certainement le sien. Si
l'usufruitier doit payer les arriérés d'intérêts de capitaux, il n'est pas

étrange, il est même logique qu'il doive payer les frais de dernière maladie, qui sont aussi des arriérés. Enfin, si l'usufruitier supporte des charges exceptionnelles, et en dehors des principes du droit commun, au moins il les supporte à l'acquit de l'enfant, à qui est bien dû quelque faveur en indemnité de l'usufruit qu'on lui enlève.

Les frais de deuil de la mère sont compris dans les frais funéraires du mari ; c'était la tradition de l'ancien droit, et j'ai déjà dit qu'en cette matière l'esprit du Code civil était tout d'imitation et de routine. Il s'ensuit que la veuve, usufruitière des biens de ses enfants, ne pourra point réclamer d'eux aucuns frais de deuil, puisque ces frais sont des charges de son usufruit.

Ces charges de l'usufruit paternel sont imposées directement par la loi au père usufruitier ; par conséquent, les créanciers des frais funéraires des arrérages non payés peuvent s'adresser directement à lui. De plus, en vertu de l'acceptation qu'il a faite de l'usufruit, comme il est devenu débiteur personnel de toutes ces dettes, il peut être poursuivi sur ses propres biens *ultra vires emolumenti*. En vain on objecterait, pour éviter ce résultat, que les charges de l'usufruit paternel sont des charges réelles, des charges qui affectent l'usufruit et non l'usufruitier, et que, par conséquent, l'usufruitier n'a qu'à abandonner tous les fruits pour être à l'abri de toutes poursuites. Je répondrai que ce n'est pas, en effet, comme usufruitier que le père est poursuivi, mais comme débiteur personnel, en vertu de son acceptation ; que, lorsqu'on accepte une universalité, on l'accepte telle qu'elle est, et que si elle est mauvaise, il faut payer *de suo* les conséquences de sa maladresse ou de sa mauvaise fortune. Sans doute, les charges de l'usufruit paternel sont des charges réelles, mais à côté de l'usufruit, il y a l'usufruitier qui l'a accepté et qui doit le subir.

Au reste, les créanciers ne perdent point leurs droits contre le propriétaire, contre l'enfant héritier du défunt. L'acceptation de l'usufruit par le père a bien produit l'adjonction d'un second débiteur, mais elle n'a pas pu anéantir l'obligation du premier ; en d'autres termes, elle n'a pas pu opérer novation. L'enfant pourra donc être poursuivi, et il pourra payer valablement, sauf à se faire tenir compte par son père de ce qu'il aura payé à sa décharge ; mais il pourra aussi renvoyer les créanciers auprès de son père quand ils s'adresseront à lui, puisque c'est son père qui, en définitive, doit payer, ou bien faire mettre son père en cause.

Les charges de l'usufruit, ai-je dit, sont des charges réelles, des charges qui grèvent l'usufruit lui-même. Il s'ensuit que le père peut s'y soustraire en n'acceptant pas. Une fois qu'il a accepté, il peut, en abandonnant l'usufruit, se soustraire à ces charges pour l'avenir. Mais peut-il, après avoir accepté, en renonçant postérieurement et en offrant de restituer tous les fruits, peut-il se décharger rétroactivement de toutes les obligations qu'il avait acceptées ? Cette question est entièrement liée à celle de savoir si le père peut être tenu *ultra vires*. Mon opinion ne peut donc pas être douteuse. La négative me paraît certaine. La renonciation sera efficace pour l'avenir, sans aucun doute, mais elle ne pourra pas détruire le passé. L'acceptation accomplie a rendu le père irrévocablement débiteur personnel, et un fait postérieur ne peut pas effacer les conséquences d'un fait consommé.

Art. 4. — *Reddition de compte.* — *Imputations.*

Il me reste à dire quelques mots sur la reddition de compte du père usufruitier, et sur les règles d'après lesquelles doivent être imputées les dépenses par lui avancées. Je vais examiner plusieurs hypothèses.

Si l'enfant a des biens soumis à l'usufruit et d'autres biens qui n'y soient pas soumis, par exemple des biens gagnés par un travail séparé ou légués avec prohibition d'usufruit, le père devra imputer toutes les dépenses d'entretien sur les revenus dont il jouit, sans en rien mettre à la charge des biens dont jouit l'enfant ; parce que l'usufruit paternel doit supporter à lui seul toutes les dépenses d'entretien et d'éducation, et que le père usufruitier ne peut percevoir aucun fruit avant que ces dépenses soient complétement acquittées. Il ne sera donc jamais possible de faire porter les dépenses d'entretien de l'enfant partie sur les biens soumis à l'usufruit, partie sur les biens qui n'y sont pas soumis en proportion des quantités qui y sont soumises ou soustraites.

S'il échoit une succession à plusieurs enfants dont quelques-uns aient plus de dix-huit ans et les autres moins que cet âge, le père usufruitier des biens de ces derniers ne devra évidemment supporter les charges de la succession que proportionnellement à la part héréditaire des enfants dont les biens sont encore soumis à l'usufruit.

Si le père a l'usufruit des biens de son enfant et qu'un autre ait nourri et entretenu l'enfant, celui-ci aura action pour répéter les dépenses faites à la décharge du père, parce qu'il a fait les affaires du père. A moins pourtant qu'il n'ait nourri et entretenu l'enfant que dans l'intention de lui faire une libéralité : *animo donandi;* auquel cas il n'aurait aucune action.

Si l'enfant n'a pas vécu dans la maison ou sous la surveillance de son père, a-t-il action pour répéter les arrérages de la pension qui lui était due pour sa nourriture et son entretien, et qui pendant tout le temps de son éloignement ne lui a pas été payée? Non; en règle générale, ils ne sont pas dus : que le père ait été usufruitier des biens de l'enfant ou que l'enfant n'ait pas eu de biens. Ils ne sont pas dus dans le premier cas, parce que la pension devait être payée sous la condition implicite que l'enfant demeurerait chez son père, condition qui a fait défaut; que si pourtant l'enfant avait eu de justes motifs de sortir de la maison paternelle, comme alors la condition n'aurait fait défaut que par la faute du débiteur, elle serait reputée accomplie et la pension serait due. Ils ne sont pas dus dans le second cas, parce que l'obligation de fournir la pension dérive alors de l'art. 203, qu'elle est fondée sur l'impossibilité pour l'enfant de vivre autrement qu'avec une pension de son père, et qu'elle cesse quand cette impossibilité n'existe plus; or, le seul fait que l'enfant a vécu sans secours de son père prouve péremptoirement que l'impossibilité n'existait plus. Si pourtant l'enfant avait fait des dettes, les créanciers auraient action contre le père pour se faire rembourser.

Si l'enfant vit chez son père et que son père administre tous ses biens sans avoir l'usufruit d'aucun, comment s'imputeront les dépenses d'entretien de l'enfant? S'il ne travaille pas, ses dépenses devront être toutes imputées sur ses revenus; s'il travaille, son travail doit être considéré comme une indemnité suffisante pour ses dépenses d'entretien, par conséquent rien n'en pourra être imputé sur ses biens, et le père en devra rendre intégralement tous les revenus.

Si le père, à un moment donné, est déchu de l'usufruit et déchu de la tutelle, pourra-t-il, grâce à sa pauvreté, invoquer le bénéfice de compétence? Evidemment non. Rien, dans le Code, ne lui confère cette faveur; il devra rendre un compte exact et intégral des biens de l'enfant; mais il lui restera bien entendu l'action alimentaire contre son enfant.

Quant à la prescription, elle sera de dix ans à compter de la majorité de l'enfant pour les revenus que son père touche à son profit comme un tuteur ordinaire. Pour tous autres revenus que le père toucherait encore après la cessation de la tutelle, la prescription est de trente ans à compter de la majorité.

III. Comment l'usufruit paternel prend fin.

L'usufruit paternel doit s'éteindre en général par les mêmes événements que l'usufruit ordinaire. Mais il y a certaines causes d'extinction de l'usufruit ordinaire qui par la force des choses sont complétement inapplicables à l'usufruit paternel. Ainsi, le non-usage pendant trente ans ne peut pas s'y appliquer, puisque l'usufruit paternel dure au plus dix-huit ans (art. 384). Il en est de même de la perte de la chose; elle ne peut s'appliquer à l'usufruit paternel, puisque cet usufruit frappe sur une universalité et que les universalités ne périssent pas.

L'usufruit paternel s'éteint par la mort civile ou naturelle de l'usufruitier : c'est de toute évidence.

Il s'éteint aussi par la mort de l'enfant avant d'avoir atteint l'âge de dix-huit ans, et avant d'être émancipé. On pourrait objecter contre cette proposition l'art. 620, qui dit que quand l'usufruit a été accordé jusqu'à ce qu'un tiers ait atteint un âge fixe, il dure jusqu'à cette époque, encore que le tiers soit mort avant l'âge; on pourrait prétendre que puisque la loi a accordé l'usufruit légal au père jusqu'à ce que l'enfant ait atteint l'âge de dix-huit ans, le père doit jouir jusqu'à cette époque, encore que l'enfant meure avant. Ce serait une erreur; je crois que l'usufruit ne peut pas durer au-delà de la mort de l'enfant, non que je sois touché de l'argument qu'on donne quelquefois, que l'enfant n'est pas un tiers, mais qu'il est le nu-propriétaire lui-même, car quelle que soit la qualité de l'enfant, qu'il soit tiers ou nu-propriétaire, au fond il y a toujours, cela est certain, un usufruit accordé pour un temps dès à présent déterminé, indiqué par l'âge d'une personne ou par celui d'une autre, peu importe; mais parce que si l'on appliquait l'art. 620 à l'usufruit paternel, on sortirait complétement des termes de l'art. 384. En effet, l'art. 384 n'accorde l'usufruit légal au père que sur les biens de *ses enfants;* or, quand l'enfant est mort, les biens qui lui appartenaient deviennent les biens de ses héritiers, et l'article 384 n'a pas accordé au père d'usufruit sur les biens des héritiers de ses enfants. L'art. 620 n'est donc pas applicable à l'usufruit paternel, et il faut décider que cet usufruit s'éteint par la mort de l'enfant comme par celle du père.

L'usufruit paternel s'éteint par la renonciation de l'usufruitier. Cette renonciation peut se faire de deux manières : ou directement par un acte exprès et formel, ou indirectement par l'émancipation accordée à l'enfant avant l'âge de dix-huit ans (art. 384).

La renonciation directe à l'usufruit paternel pourrait être attaquée par les créanciers comme frauduleuse à leur préjudice ; mais la renonciation indirecte, par le moyen de l'émancipation, ne le pourrait pas, parce qu'elle n'est que la conséquence juridique, l'accessoire légal de l'émancipation, dont le droit appartient au père et dont l'exercice ne peut, en aucun cas, être contrôlé par ses créanciers. C'est un droit purement attaché à la personne. La conséquence en pourra être que le père usera frauduleusement de son droit d'émancipation pour arriver indirectement à l'extinction de son usufruit légal au préjudice de ses créanciers ; c'est vrai, mais cette fraude ne pourra être le plus souvent bien désastreuse pour ceux-ci, puisque l'émancipation ne peut être accordée au plus tôt à l'enfant qu'à l'âge de quinze ans, et que les créanciers ne pourront jamais perdre au plus que trois années de revenus.

Par suite des mêmes idées, il faut décider que la renonciation directe à l'usufruit paternel peut donner lieu à rapport, mais que la renonciation par le moyen de l'émancipation n'y peut pas donner lieu, parce que la renonciation directe peut être, en réalité, en soi une libéralité, mais que la renonciation par voie d'émancipation n'est que l'accessoire obligé et nécessaire d'un droit dont le libre exercice ne peut être enlevé au père ou entravé dans ses mains par suite de considérations pécuniaires, et que l'émancipation, au point de vue où la loi la considère, quelles que soient ses conséquences, ne peut jamais être regardée comme une libéralité indirecte. J'ajouterai la même observation que tout à l'heure : l'émancipation ne pouvant être conférée qu'à un enfant de quinze ans, et l'usufruit paternel finissant de plein droit à dix-huit, l'avantage qu'en retirera l'enfant ne pourra jamais excéder trois années de revenus.

L'abus de jouissance entraîne la déchéance de l'usufruit ordinaire. L'art. 618, au titre de l'usufruit, porte : « *L'usufruit peut aussi cesser par l'abus que l'usufruitier fait de sa jouissance, soit en commettant des dégradations sur le fonds, soit en le laissant dépérir faute de soins. Les créanciers de l'usufruitier..., etc. Les juges peuvent, suivant la gravité des circonstances, ou prononcer l'extinction absolue de l'usufruit, ou n'ordonner la rentrée du propriétaire dans la jouissance de l'objet qui en est grevé que sous la charge de payer annuellement à l'usufruitier ou à ses ayants cause une somme déterminée jusqu'à l'instant où l'usufruit aurait cessé.* Point de doute que le même abus de jouissance n'entraîne la déchéance de l'usufruit paternel. Mais commettre des dégradations sur le fonds ou le laisser dépérir faute de soins, n'est pas le seul excès dont l'usufruitier paternel peut se rendre coupable. Il lui est imposé d'autres obligations que celle de jouir en bon père de famille : nourrir et élever les enfants (art. 385-2°), payer les intérêts et arrérages des capitaux (art. 385-3°), payer les frais funéraires et de dernière maladie (art. 385-4°). L'inaccomplissement de ces obligations doit-elle entraîner la déchéance de l'usufruit paternel comme l'abus de jouissance? Je remarque que la disposition de l'article 618 est une disposition de rigueur et de pénalité qui ne doit pas être étendue; je remarque que l'art. 618 lui-même engage les tribunaux à user avec ménagement de la déchéance qu'il prononce, en leur permettant de la remplacer, si les circonstances le permettent, par de simples mesures conservatoires, et j'en conclus que l'inaccomplissement des obligations imposées par l'art. 385 ne peut jamais entraîner la déchéance de l'usufruit paternel.

Que le père soit d'une inconduite notoire, d'une incapacité ou d'une infidélité incontestée, qu'il soit dans les cas où l'art. 444 prononce la destitution ou l'exclusion de la tutelle, la déchéance de l'usufruit paternel ne pourra pas s'ensuivre. Nul texte, dans ces cas, ne prononcerait la déchéance, et une peine ne doit jamais être arbitrairement appliquée.

Mais, dans tous ces cas, et dans tous ceux, s'il en est d'autres encore, où les intérêts de l'enfant pourraient péricliter entre les mains du père, les tribunaux pourront et devront prendre des mesures conservatoires, non pas en vertu de l'art. 618 ni de l'art. 444, ni de tout autre article du Code, mais en vertu du pouvoir discrétionnaire que je leur reconnais dans toutes les questions relatives à l'exercice de la puissance paternelle, et dont j'ai démontré la légitimité.

L'usufruit paternel s'éteint par l'émancipation de l'enfant avant l'âge de dix-huit ans. L'émancipation peut être retirée à l'enfant qui en abuse, ou qui n'en est pas digne, conformément à l'art. 485. Le retrait de l'émancipation, en faisant renaître la puissance paternelle, fait-il renaître l'usufruit? On pourrait dire pour l'affirmative que l'usufruit ne s'était éteint que parce que la puissance paternelle s'était évanouie, et que, puisque la puissance paternelle renaît, l'usufruit doit renaître; que l'extinction de l'usufruit est une conséquence, un accessoire légal de l'émancipation, que par conséquent elle en doit suivre la fortune, et que faire durer les effets de cette extinction plus longtemps que ceux de l'émancipation, la maintenir quand l'émancipation est retirée, c'est maintenir un effet qui n'a plus de cause, un accessoire qui n'a plus de principal. Je ne disconviens pas de tout ce que ce raisonnement a de grave et de sérieux. Je ne crois pas cependant qu'on doive l'admettre et que l'opinion qu'il soutient soit la vraie. Voici pourquoi : lorsque l'émancipation a été conférée à l'enfant, l'extinction de l'usufruit s'est produite. Or, quand l'art. 485 a indiqué les cas où l'émancipation pourrait être retirée à l'enfant, la seule idée qui préoccupait la loi, c'était de protéger l'enfant contre lui-même et point du tout, j'en suis convaincu, pour rendre au père un usufruit qui s'était éteint. Aussi l'art. 485, dont le texte semble si favorable à l'opinion que je combats, est-il parfaitement expliqué par le suivant dans le sens que je soutiens. Tout mineur émancipé, dit l'art. 485, dont les engagements auront été réduits en vertu de l'article précédent, pourra être privé du bénéfice de l'émancipation, laquelle lui sera retirée..., etc. Oui, le mineur sera privé du bénéfice de l'émancipation, mais est-ce jusqu'au point que l'usufruit de son père renaîtra? L'art. 486 répond : *Dès le jour où l'émancipation aura été révoquée, le mineur rentrera en tutelle et y restera jusqu'à sa majorité.* En tutelle, s'il y a lieu à tutelle; en puissance paternelle, si la tutelle n'est pas ouverte. Qu'est-ce donc que le retrait de l'émancipation fait renaître? La tutelle ou la puissance paternelle. Quel bénéfice ce retrait ôte-t-il à l'enfant? Le bénéfice de la demi-capacité dont il jouissait, ou, comme le dit la loi, le bénéfice de l'émancipation. Quant à la résurrection de l'usufruit paternel, la loi n'en dit rien; et s'il est vrai que l'extinction de l'usufruit paternel soit un accessoire légal de l'émancipation, la loi ne dit pas que son rétablissement sera un accessoire du retrait de cette émancipation. Et comme après tout l'usufruit paternel est de droit étroit et qu'il ne faut l'autoriser qu'avec de solides raisons, je ne crois pas qu'on doive, par voie de conséquence, en admettre le retour quand la loi ne s'en explique pas formellement. L'opinion contraire objecte que, puisque l'usufruit paternel est la juste indemnité des soins qu'entraîne après soi la puissance paternelle, il faut bien que l'indemnité se trouve partout où est le dommage : *ubi onus, ibi emolumentum.* A cette objection grave sans doute pour beaucoup d'esprits, sinon péremptoire, on peut toujours répondre que la loi ne s'en est pas formellement expliquée, et qu'elle offre elle-même un exemple où l'usufruit légal n'existe pas avec la puissance paternelle, puisque cet usufruit s'éteint quand l'enfant a dix-huit ans, et que la puissance paternelle ne s'éteint que trois ans plus tard. Mais pour moi cette objection n'est pas sérieuse, puisque je ne considère pas l'usufruit paternel comme une indemnité de la puissance paternelle, mais comme un emprunt fait assez légèrement aux traditions du droit romain et de notre droit coutumier. Je m'en tiens donc à ma solution : le retrait de l'émancipation ne fait pas renaître l'usufruit paternel.

L'usufruit paternel s'éteint quand l'enfant a atteint l'âge de dix-huit ans accomplis (art. 384). Pourquoi l'usufruit paternel s'éteint-il avant la puissance paternelle? Pourquoi ne dure-t-il pas jusqu'à la majorité? Je doute qu'on en puisse donner une bonne raison. On a dit que c'était afin de garder à l'enfant le revenu de trois années pour qu'à sa majorité il ait plus de moyens de s'établir avantageusement. Ce motif, qui a dû être celui du législateur, n'est pas sans doute bien satisfaisant, mais les raisons qui font cesser l'usufruit ne sont pas obligées d'être meilleures que celles qui le font naître.

L'usufruit paternel s'éteint par suite de la condamnation portée par l'art. 335 du Code pénal. Dans ce cas, l'usufruit ne s'éteint, il faut bien l'avouer, que relativement aux biens de l'enfant victime du délit.

Avant la loi de 1816, il s'éteignait encore par suite du divorce prononcé contre le père (art. 386). Je n'appliquerai point cette disposition à la séparation de corps pour deux raisons : 1° parce que c'est une disposition pénale qu'on ne doit pas étendre ; 2° parce que la séparation de corps est d'une conséquence bien moindre que le divorce, et que l'extension donnée à l'art. 386 serait inique, outre qu'elle n'est pas juridiquement possible.

L'usufruit s'éteint par le second mariage de la mère (art. 386). Le second mariage du père ne produit point l'extinction de son usufruit, parce que ce second mariage est présumé moins funeste à l'enfant que celui de la mère. Si l'usufruit de la mère s'éteint, c'est qu'en se remariant elle livre à son second mari l'administration de tous ses biens ; le mari en est le dispensateur souverain, et l'on peut craindre qu'il n'emploie les revenus des biens des enfants du premier lit à son bénéfice et à son avantage exclusif, et non au profit de la mère et des enfants eux-mêmes ; tandis que quand le père se remarie, tout cela n'est plus à craindre ; le père reste administrateur des biens de ses enfants et de leurs revenus, et il peut les employer à l'usage qu'il trouvera le meilleur.

Si la mère remariée redevient veuve, son usufruit ne renaîtra pas, parce qu'une fois qu'il est éteint il l'est définitivement, et il faudrait un texte formel pour le faire renaître, comme il en faut un pour l'établir ; et puis parce que, le second mari mort, tous les liens ne sont pas brisés entre la mère et sa nouvelle famille, et l'on peut craindre encore les influences qui ont fait prononcer sa déchéance le jour de son mariage.

Si le second mariage de la mère est annulé, que faudra-t-il décider ? Sur cette question, deux opinions. La première distingue si la mère était de bonne foi ou de mauvaise foi ; si elle était de bonne foi, son mariage produit tous les effets civils d'un mariage valable, et, par conséquent, l'usufruit est éteint ; si elle était de mauvaise foi, son mariage ne produit aucun effet civil, et par conséquent son usufruit n'est pas éteint. Opinion à coup sûr fort ingénieuse et très juridique, mais qui n'est pas, je le crois, dans la pensée de la loi. Je lui reprocherai d'abord et surtout d'accorder à la mauvaise foi plus d'avantage qu'à la bonne. Je lui reprocherai ensuite de ne pas faire assez de cas des termes de l'article 386 ; *la jouissance cessera*, dit-il, *en cas d'un second mariage ;* c'est-à-dire que par le fait seul d'un second mariage la déchéance a lieu, la déchéance irrévocable, sans qu'il y ait à s'inquiéter si le mariage dure ou ne dure pas, s'il est valable ou s'il est nul.

Mais il faut au moins qu'il y ait eu mariage sérieux et véritable en apparence. Ainsi, s'il n'y avait eu que la parodie des cérémonies d'un mariage, il est clair que cette plaisanterie coupable ne pourrait produire aucun effet juridique, même contre ceux qui en seraient les auteurs, et l'usufruit de la mère ne serait pas éteint. Ainsi encore, si le consentement de la mère avait été violenté, il est bien évident qu'il n'y aurait pas eu à vrai dire de consentement, par conséquent pas de mariage, et l'usufruit de la mère n'en serait pas éteint, d'autant moins que la mère n'ayant pas agi librement ne mériterait en aucune façon la déchéance.

Si la mère est d'une inconduite notoire, la déchéance s'ensuivra-t-elle comme dans le cas du second mariage ? Là encore controverse. Deux opinions. Première opinion : il y a déchéance *a fortiori*. La mère étant d'une inconduite notoire, vivant dans un état qui la rend moins digne d'égards avec un premier venu peut-être moins capable de lui en donner, il y a plus que jamais à craindre qu'elle ne cède à des influences funestes pour ses propres intérêts et pour ceux de ses enfants, et plus que jamais à supposer qu'elle emploiera les revenus des biens de ceux-ci à enrichir des étrangers. En outre, on ne comprendrait pas que, dans le système de la loi, la mère qui se remarie fût déchue de l'usufruit des biens de ses enfants et que celle qui vit dans le désordre y fût conservée. Seconde opinion : la déchéance, prononcée par l'article 386, est une pénalité qu'il faut bien se garder d'étendre. En outre, cette disposition n'est pas seulement une pénalité, c'est aussi une mesure de précaution ; l'inconduite notoire de la mère, pour être plus coupable en morale, n'est pas considérée comme devant être aussi désastreuse pour les enfants; par conséquent, on ne doit pas y appliquer les mêmes précautions. Pour ce qui est de l'immoralité en elle-même, elle n'est punie, par la loi, de la déchéance de l'usufruit qu'autant qu'elle se traduit par les actes que prévoit l'article 334 du Code pénal. Enfin, la mère qui vit dans le désordre peut très bien soigner les intérêts de ses enfants et les siens propres; et puis, après tout, quand la mère emploierait les revenus de son usufruit à ce que bon lui semble, ces revenus lui appartiennent, et personne n'a de compte à lui demander quand la loi ne lui en demande pas. C'est cette dernière opinion que j'adopte.

Enfin, l'usufruit paternel s'éteint par la déchéance que l'article 1442 prononce contre l'époux qui n'a point fait inventaire des biens de la communauté quand cette communauté se dissout. La disposition de cet article donne lieu à plus d'une difficulté.

Et, d'abord, s'applique-t-elle à tous les cas de dissolution de tout mariage, ou seulement au cas de dissolution de communauté? Je crois qu'elle ne s'applique qu'au cas de dissolution de communauté, légale ou conventionnelle, peu importe, mais pas à d'autres régimes. C'est une disposition pénale qu'il faut circonscrire dans ses termes; l'art. 1442 se trouve dans la matière de la communauté, donc ce serait l'étendre que de l'appliquer à d'autres cas que celui de la communauté. Si cette doctrine est fondée en droit, elle ne l'est pas moins en raison; car on comprend facilement que la loi n'ait voulu appliquer la déchéance d'usufruit que dans des cas très-graves, où l'inventaire était d'une nécessité absolue : or, ces cas se présentent précisément quand il y a communauté, c'est-à-dire confusion totale des biens des deux époux dont l'un vient de mourir; quant aux autres régimes, l'inventaire sans doute est utile, mais on ne peut nier qu'il soit moins indispensable que dans le cas de communauté. La loi a donc eu une raison sérieuse d'appliquer la déchéance de l'usufruit au défaut d'inventaire en cas de communauté, et non au défaut d'inventaire en cas de régime dotal ou d'exclusion de communauté.

La déchéance de l'art. 1442 est absolue et complète; elle s'applique à tous les biens de l'enfant et non pas seulement à ceux qui lui viennent de la communauté non inventoriée. Les termes de l'art. 1442 ne comportent point de distinction: « *Le défaut d'inventaire fait perdre à*

l'époux survivant la jouissance des revenus des enfa... » Rien certes
ne peut faire penser que la loi ait voulu conserver à l'époux la jouissance de quelques biens de l'enfant. Sur ce point tout le monde à peu
près est d'accord.

Pour que l'art. 1442 soit applicable, il faut qu'il n'y ait point d'inventaire. Mais dans quel délai faut-il que l'inventaire soit fait? La loi
n'en dit rien. Or, ne point suppléer à ce silence, ne point admettre de
délai, vouloir que l'époux survivant soit toujours à temps pour faire
l'inventaire et pour se soustraire à la déchéance, ce serait détruire les
garanties de l'inventaire qui n'est utile qu'à la condition d'être fait tout
de suite ou le plus tôt possible, et ce serait rendre illusoire et inexpli-
cable la disposition de l'art. 1442. Mais, d'un autre côté, fixer un délai
quand la loi n'en fixe pas un elle-même, un délai fatal passé lequel la
déchéance sera irrévocablement produite, ce serait véritablement introduire dans la loi une déchéance qu'elle n'y a pas mise. Sur cette difficulté il y a trois systèmes.

D'abord, un point reconnu par tout le monde, c'est que le délai
normal et régulier pour faire inventaire est de trois mois, plus la pro-
rogation que peut accorder le juge. Cette proposition ressort de tous
les textes qui s'occupent des inventaires à successions; dans tous le délai
est de trois mois. Donc l'inventaire fait dans le délai de trois mois donnera droit à tous les revenus depuis l'ouverture de la succession. Mais
une fois le délai de trois mois expiré sans inventaire, *quid?* C'est là
que la dissidence apparaît, et l'on n'est pas d'accord sur l'effet qu'il
faut accorder à ce délai. Un premier système veut que le délai soit
fatal, et qu'une fois qu'il est expiré il y ait irrévocablement déchéance
de l'usufruit. Ce système a le tort d'accorder un effet fatal et irrévocable
à un délai qui, après tout, n'est pas écrit dans la loi, et qui, bien
qu'induit des analogies les plus satisfaisantes, n'est toujours que le résultat d'une interprétation doctrinale.

Un second système enseigne que le délai normal de trois mois une
fois expiré, si les choses de la communauté sont encore entières et facilement reconnaissables, s'il est encore possible de faire un inventaire
fidèle et exact, l'époux pourra encore le faire, et il aura droit aux revenus
des biens de ses enfants, mais seulement à compter du jour de la con-
fection de l'inventaire ; quant aux fruits échus avant, ils sont irrévoca-

blement perdus, et l'époux n'y aura pas droit, parce que l'inventaire n'existant pas encore, la condition sous laquelle il pourrait les percevoir a fait défaut ; que si les choses de la communauté ne sont plus reconnaissables, comme il faudrait une enquête par commune renommée pour faire l'inventaire, et que c'est précisément cette enquête que la loi a voulu éviter, l'inventaire ne pourra plus être fait et la déchéance sera irrévocable. Ce second système a le tort d'être inapplicable. Quand pourra-t-on savoir que les choses de la communauté sont encore entières et facilement reconnaissables ? Comment pourra-t-on le reconnaître et s'en assurer ? Comme on pourrait toujours élever sur ce point des doutes très fondés, il faudrait toujours pour faire la preuve en arriver à une enquête, c'est-à-dire au cas où la déchéance dans ce système devient irrévocable. **D'où** il résulte qu'en fait ce système se confond dans ses résultats avec le premier, et que la déchéance aurait toujours irrévocablement lieu après l'expiration des trois mois.

Enfin, un troisième système veut que passé le délai de trois mois, il n'y ait pas irrévocablement déchéance, mais que les tribunaux soient toujours maîtres de la prononcer ou de l'écarter selon les circonstances. Ce dernier sentiment me paraît préférable ; il n'évite certainement pas le reproche d'arbitraire, il n'est pas sans doute exempt de critiques, mais il concilie autant qu'il était possible à la doctrine de le faire, et avec toutes les garanties désirables, les deux difficultés contradictoires de ne fixer aucun délai, ce qui était absurde, et d'en fixer un dans le silence de la loi, ce qui était arbitraire.

PUISSANCE PATERNELLE SUR LES ENFANTS NATURELS RECONNUS.

La puissance paternelle ne peut exister sur les enfants naturels qu'autant qu'ils sont reconnus, puisque c'est la reconnaissance qui indique la parenté de ces enfants.

Le seul texte qui s'occupe des enfants naturels dans notre titre est celui de l'art. 383. Il est ainsi conçu :

Les art. 376, 377, 378, 379, seront communs aux père et mère des enfants naturels légalement reconnus.

C'est un simple renvoi. Les articles auxquels il se réfère traitent tous de la puissance paternelle sur la personne des enfants légitimes. Aucun texte n'indique que la puissance paternelle doit s'appliquer aux biens des enfants naturels comme à ceux des enfants légitimes.

Malgré ce silence, faut-il dire qu'elle doit s'y appliquer? Faut-il accorder au père naturel l'administration légale et l'usufruit sur les biens de son enfant naturel reconnu? Ou bien faut-il lui refuser ces deux droits?

C'est cette dernière idée que je crois vraie. Ni l'art. 389, qui traite de l'administration légale, ni l'art. 384, qui traite de l'usufruit paternel, ne sont applicables aux enfants naturels.

L'administration légale ne doit pas être confiée aux parents naturels. La loi et la raison viennent concourir à cette solution. La loi : en effet, l'administratio nlégale étant de droit étroit, étant une création tout exceptionnelle, appliquée à un cas spécial et déterminé, ne doit pas, ne peut pas être étendue à des cas qui ne sont point ceux qu'elle a prévus : son silence relativement aux biens des enfants est donc déjà très significatif. Il y a plus : le texte de l'art. 389 exclut toute idée et tout essai d'application de sa disposition aux enfants naturels. *Le père,* dit-il, est, *pendant le mariage, administrateur des biens de ses enfants.* Pendant le mariage! Il faut donc qu'il y ait mariage. Or, quand il s'agit d'enfants naturels il n'y a pas de mariage. Il ne peut donc pas exister un temps (le temps du mariage) pendant lequel l'administration légale pourrait être déférée au père naturel. La raison : en effet, la logique ne peut pas permettre que l'administration légale, cette administration si étendue, presque sans contrôle, que la loi ne veut pas accorder au père veuf et qu'elle n'accorde qu'au père aidé des lumières et de l'habileté de la mère, soit accordée au père naturel, qui est bien moins favorable aux yeux de la loi que le père légitime, et qui se trouve complétement dans la position du père veuf, puisque le plus souvent il ne vit pas avec la mère de l'enfant et ne peut pas s'éclairer de ses conseils et de ses observations. Donc l'enfant naturel tombera en tutelle, et ses biens seront administrés par un tuteur.

L'usufruit légal ne doit pas être accordé aux parents naturels. La loi et la raison concourent encore à cette solution. La loi : en effet, l'usufruit légal est, comme l'administration légale, une institution de droit étroit qui a besoin d'un texte formel pour se faire admettre. Bien plus, l'art. 383, qui s'occupe des enfants naturels, semble placé intentionnellement avant l'art. 384, afin qu'il ne vienne à l'idée de personne de compléter sa nomenclature insuffisante par des dispositions empruntées aux articles postérieurs. Au surplus, cette pensée en ce qui touche à l'usufruit a été formellement exprimée dans les discussions qui ont précédé la rédaction de l'art. 383, qui conçu d'abord dans un sens très large, a été ensuite restreint, trop restreint, comme nous le verrons, précisément par ce motif qu'on n'entendait pas accorder aux parents naturels l'usufruit légal. La rédaction même, le texte de l'art. 384, répugne à cette extension de l'usufruit. *Le père*, dit-il, *durant le mariage, et, après la dissolution du mariage, le survivant des père et mère, auront la jouissance*, etc. Durant le mariage! après la dissolution du mariage! Il faut donc qu'il y ait eu mariage. Or, quand il s'agit de parents naturels, il n'y a pas de mariage; donc ce n'est pas en vue des parents naturels que l'art. 384 a été fait, c'est seulement et exclusivement pour les parents légitimes. La raison : en effet, la loi qui voit d'un si mauvais œil les parents naturels, ne pouvait pas leur accorder la même faveur qu'aux parents légitimes. En outre, les enfants naturels, qui n'ont qu'une part assez mince dans la succession de leurs parents, auraient vu leurs revenus grossir le patrimoine de leur père naturel pour enrichir les enfants légitimes ou les héritiers d'un autre ordre à leur préjudice. Evidemment les parents naturels n'ont pas l'usufruit légal sur les biens de leurs enfants.

Voilà pour ses biens.

Quant à la personne, c'est différent : l'art. 383 déclare indirectement que la puissance paternelle sur la personne de l'enfant naturel appartiendra à ses parents. Mais cet article est loin de prévoir toutes les difficultés, et de couper court à toutes les controverses.

De son texte il résulte seulement que l'enfant naturel pourra être détenu par voie d'autorité au-dessous de quinze ans (art 376), et par voie de réquisition au-dessus de cet âge (art. 377); qu'il n'y aura point d'autres écritures ou formalités judiciaires que l'ordre d'arrestation (art. 378), et que la détention pourra être abrégée en cas de repentir ou réitérée en cas de récidive. Voilà les conséquences textuelles; elles ont toutes rapport au droit de correction. Mais du droit d'éducation (art. 372), rien; du droit de garde (art. 374), pas un mot.

Et puis :

Le père exercera-t-il la puissance paternelle de préférence à la mère (art. 373)?

Le mariage du père avec une autre que la mère fera-t-il perdre à celui-ci le droit de correction par voie d'autorité (art. 380)?

La puissance sera-t-elle exercée par la mère naturelle, de la même façon que le père, ou bien avec les restrictions imposées à la mère légitime (art. 381)?

Le mariage de la mère lui enlèvera-t-il le droit de correction (art. 381)?

L'enfant naturel pourra-t-il comme l'enfant légitime invoquer la disposition de l'art. 382 *in fine?*

En un mot, les art. 373, 380. 381, 382, sont-ils applicables aux enfants naturels? Sur toutes ces questions la loi garde le silence le plus complet, et la doctrine en est réduite aux conjectures, et les controverses s'élèvent de toutes parts.

Il y a pourtant des inductions qui sont admises par tout le monde. Ainsi, si l'art. 383 accorde aux père et mère naturels le droit de correction, c'est qu'évidemment il leur suppose le droit d'éducation dont le droit de correction n'est que le moyen et la sanction ; et si les parents naturels ont le droit d'éducation, il est impossible de leur refuser le droit de garde sans lequel le droit d'éducation est illusoire, les articles 372 et 374 sont évidemment applicables aux enfants naturels. — Quant à l'art. 371, je n'en parle pas, ce n'est pas un texte de loi.

Mais voici les difficultés :

Le père exercera-t-il la puissance paternelle de préférence à la mère, conformément à l'art. 373? La difficulté ne peut pas se présenter si un seul parent a reconnu ou si tous deux ayant reconnu il y en a un de décédé ; elle ne s'élève que quand tous deux ont reconnu et que tous deux existent. Deux opinions sont en présence :

La première soutient que la puissance paternelle appartenant concurremment au père et à la mère doit être exercée concurremment par tous deux , et que pour que le père fût préféré, il faudrait un texte de loi qui le dît. — La seconde opinion soutient au contraire, et, je crois, avec raison, que le père exerce l'autorité paternelle de préférence à la mère, que cette préférence est dans nos mœurs, dans l'esprit de notre législation, que d'ailleurs dans le système opposé cette concurrence du père et de la mère établirait un perpétuel conflit, produirait d'inévitables tiraillements, des querelles incessantes, au grand dommage de l'éducation de l'enfant.

Toutes deux, au reste, s'accordent à reconnaître qu'elles ne sont divisées que sur la question de principe et que dans l'application les tribunaux auraient toujours plein pouvoir pour prendre dans chaque circonstance les mesures les plus favorables à l'enfant. Quand il s'agit d'enfants légitimes, les tribunaux ont un pouvoir discrétionnaire pour réprimer les abus qui peuvent se produire dans l'exercice de la puissance paternelle ; a fortiori, ce pouvoir doit-il leur appartenir quand il s'agit d'enfants naturels, quand les père et mère sont bien moins favorables aux yeux de la loi et excitent bien plus de défiance, quand d'ailleurs la loi, déjà si incomplète en ce qui concerne les enfants légitimes, l'est bien plus encore en ce qui regarde les enfants naturels.

Les mesures conservatoires pourront être provoquées par la mère, ou le père, ou le tuteur, ou le subrogé-tuteur, ou le conseil de famille, ou l'enfant lui-même.

Les art. 380, 381, 382, sont-ils applicables aux enfants naturels ?

Deux systèmes principaux sont en présence : l'un déclare que les trois articles sont complétement inapplicables aux enfants naturels ; l'autre déclare, au contraire, qu'ils y sont applicables tous trois. Voici sur quels motifs chacun d'eux se fonde.

Le premier fait observer que l'art. 383, dans son énumération, s'arrête à l'art. 379, ce qui indique bien clairement qu'il n'avait pas l'intention de pousser plus loin l'assimilation. Cet argument de texte lui semble péremptoire, et il le justifie en raison en disant qu'il était convenable que la loi accordât aux parents naturels, ordinairement moins respectés, une autorité plus énergique. Il ne s'émeut pas de ce que les parents naturels, moins dignes de confiance, seraient, sous le rapport de la puissance paternelle, plus favorisés que les parents légitimes, parce qu'à ses yeux la délation de la puissance paternelle n'est pas une faveur de la loi, un acte de confiance de sa part ; mais simplement une magistrature fort utile dont elle mesure l'étendue aux circonstances, qu'elle doit faire toujours assez forte pour qu'elle ne tombe jamais en mépris, et qu'elle a dû, par conséquent, faire plus forte pour les parents naturels, parce qu'elle était plus menacée. Voici où ce système en arrive :

Le père, marié à une autre que la mère, ne perd pas la voie d'autorité.

L'enfant naturel qui aura des biens ou un état pourra être enfermé par voie directe au-dessous de quinze ans.

La mère naturelle aura la voie directe d'incarcération sur son enfant au-dessous de quinze ans.

La mère n'aura jamais besoin du concours de personne.

Son mariage avec un autre que le père ne modifiera en rien ses pouvoirs.

Le second système répond : D'abord l'argument tiré de ce que l'énumération de l'art. 383 finit à l'art. 379 n'est pas concluant, car cette énumération commence à l'art. 376, et tout le monde convient qu'il y faut faire entrer l'art. 372 et l'art. 374, qui n'y sont pas rappelés, et qui pourtant y sont nécessairement contenus. De cet argument il faut donc conclure seulement que l'énumération de l'art. 383 est incomplète. Sans doute, il y aurait lieu de s'étonner que cette énumération finit à l'art. 380 quand il était si facile d'aller plus loin, si les travaux préparatoires du Code n'indiquaient pas le motif de ce hasard : l'art. 383, rédigé d'abord de façon à conférer aux parents naturels l'usufruit légal, fut rédigé plus tard d'une manière toute limitative, dans la seule intention d'exclure les parents naturels de l'usufruit légal ; et si l'énumération de cet article ne rappelle pas les trois articles dont il s'agit, c'est sans doute parce que les art. 380 et 381 parlaient du père remarié et de la mère remariée, et qu'ils ne pouvaient pas par conséquent s'appliquer textuellement au cas de parents naturels. Ensuite, il n'admet pas qu'il soit naturel d'accorder aux parents naturels plus de pouvoirs qu'aux parents légitimes quand ils inspirent moins de confiance qu'eux.

Je ne saurais admettre les motifs ni les conséquences de ce dernier système. Le premier me semble être le seul juridique, le seul acceptable, et j'adhère à ses résultats.

Pour ce qui est du droit de nommer un tuteur, l'art. 397 l'accorde au dernier mourant des père et mère sans distinction ; donc les parents naturels ont comme les parents légitimes le droit de nommer un tuteur à leurs enfants pour le temps de leur mort.

L'art. 397 dit que la mère remariée et non maintenue dans la tutelle ne peut nommer un tuteur à ses enfants du premier lit. Cet article n'est pas applicable à la mère naturelle, qui ne peut pas être remariée au regard de ses enfants naturels. Seulement, comme je crois que le père ou la mère qui n'exerce pas la tutelle de son enfant n'a pas le droit de lui nommer un tuteur, il s'ensuit que la mère mariée à un autre que le père et qui ne sera pas tutrice ou qui cessera de l'être, perdra le droit de nommer un tuteur, sans qu'on doive recourir à l'art. 397.

L'art. 400 soumet à l'approbation du conseil de famille la nomination faite par la mère maintenue dans la tutelle. Faut-il appliquer à la mère naturelle cette disposition toute favorable aux intérêts de l'enfant? Je ne le crois pas : cette formalité de l'approbation du conseil de famille est une restriction du pouvoir de nomination que la mère naturelle tient de l'art. 397, et cette restriction ne peut pas être appliquée à des cas que n'a pas prévus l'art. 400 : l'art. 400 s'applique à la mère légitime remariée et point à la mère naturelle qui se marie.

Enfin, le droit d'émancipation appartient aussi au père, et à son défaut à la mère naturelle. Les termes de l'art. 477 s'appliquent à eux aussi bien qu'aux parents légitimes, et il y a mêmes raisons de les leur appliquer.

POSITIONS.

DROIT ROMAIN.

Sous Justinien, les pécules castrans et quasi-castrans sont recueillis par le père à titre de pécule et non à titre d'hérédité.

Quand un débiteur de la femme a promis une dot au mari et qu'il est devenu insolvable avant que le mari puisse agir, l'insolvabilité, sauf stipulation formelle à cet égard, est à la charge de la femme et non à la charge du mari.

Sous l'empire des lois Julia et Papia Poppæa, l'accroissement entre colégataires n'était pas complétement supprimé. Quant aux caducs, ils étaient attribués à titre nouveau et en vertu de la loi. Sous Justinien, l'accroissement avait lieu entre colégataires conjoints *re et verbis* et *re tantum*.

Sous Justinien, l'usufruit et les servitudes s'éteignent par le non-usage, comme jadis, sauf que le temps de l'usucapion est augmenté.

DROIT CIVIL FRANÇAIS.

Le disponible de l'art. 1094 ne peut jamais profiter qu'au conjoint pour qui il est organisé, lorsqu'il excède le disponible ordinaire de l'art. 913. En conséquence, la donation faite au conjoint doit toujours, et dans tous les cas, et encore qu'elle ne soit que de l'usufruit, s'imputer d'abord sur le disponible ordinaire, et ne peut s'imputer sur le disponible extraordinaire que quand l'autre est épuisé.

Après trente ans de silence depuis l'ouverture d'une succession, l'héritier n'a plus la faculté de répudier, il est irrévocablement héritier.

On peut convenir à l'avance que les intérêts d'une année porteront intérêt à partir de leur échéance.

DROIT PUBLIC.

Un citoyen n'est pas forcé d'obéir à une loi manifestement injuste.

DROIT PÉNAL.

L'art. 64 du Code pénal exigeant chez l'agent l'intelligence et la liberté, sans autrement s'expliquer, ce sera aux tribunaux à décider, sans tenir compte d'aucun système absolu, si la condition formulée par cet article est remplie ou fait défaut.

DROIT DES GENS.

La mer n'est pas susceptible d'occupation.

Vu par le Président de la thèse,
DEVALROGER.

Vu par le Doyen,
C.-A. PELLAT.

Permis d'imprimer :
Le Recteur de l'Académie,
CAYX.